봄날의 시집

봄날의 시집

유원지 왔니?

강상헌 지음

봄날의 시집

봄날의책

일러두기
한 편의 시가 다음 면으로 이어질 때 연이 나뉘면 여섯 번째 행에서,
연이 나뉘지 않으면 첫 번째 행에서 시작한다.

시인의 말

길가에서 저는 담배를 피우고 있습니다.
버스가 와서 담배를 버리고 달려갑니다.
흡연 단속 공무원이 쫓아오고 있습니다.
버스에 올라타자마자 저는 바로 사라집니다.

자유 지역으로 향하는 길목엔 수많은 경찰들.
"체포해주세요!" 저는 창밖으로 두 손목을 흔들며 경찰관에게 소리칩니다.
"납치해주세요!" 그가 엉덩이에 찬 수갑을 절렁거리며 달려오고 있습니다.

2025년 12월
강상헌

차례

1부 얼마나 많은 사랑을 받았는지

구테 로이테(Gute Leute) 13
풋노트 16
양가성 긍정 19
식물원에서 나누어주는 카메라 20
생쥐 이론 22
얼마나 많은 사랑을 받았는지 24
유원지 왔니? 26
유토피아에서 슬픈 시 쓰기 27
먼 근심 28
선생님이 끓여준 뭇국에서는 29
경멸 30
초조한 마음 32
일방통행로 33
안전 34
그 시위 35
단두대 관측 39
우리는 웃으며 자리를 파했다 40
미스터 아메리카의 최후 43

2부　먼 의자

비밀　47
의자　48
먼 의자　49
퍼펙트　52
고씨 성을 가진 변호사　53
보전사　54
동호대교　55
하모니엄　58
가장의 아름다움　59
텍스트　60
성격 교화 직전　62
순박한 마음　64
김밥과 커피　65
브람스를 좋아하세요…　66
극장을 지나면 출구　68
캘리포니아는 언제나 여름이었다네　70
닫힌 별　72
일람　76

3부　가끔은 노교수가 되어 있는 너를 생각해

막간 수치　81
알에서 깨어나기 전에 박혁거세는 어떤 세상을 보았는가?　82
혼자 있고 싶어!　84
네게네게　85
디올　86
해변을 훔치는 방법　88
아틀리에　90
세계작업　91
보홀에 가면　94
무주공산(無主空山)호의 일일　97
이제야　98
나이 많은 남자　100
가끔은 노교수가 되어 있는 너를 생각해　102
너를 생각해　105
그리스식 사우나　106
그 사람은　109
그 사람은　114
도성　117
제모　118
접힌 배　120
문예 비창작　125

　발문
　inherent　김엄지　127

1부 얼마나 많은 사랑을 받았는지

구테 로이테(Gute Leute)

마주치길 기도하고
마주치길 두려워했지
"다 살가워……" "옷 좀 입어……"
하는 말이 들려왔어
해소되진 않았어
다만 귀중해졌어

태생적으로 긍정적인 조팝나무 나는
하얀 얼굴 하얀 마스크 하얀 목도리
아버지는 속상하고 기대는 무능하고
어제는 앵무새의 발목을 부러뜨렸어
"텔 미 웟 투 두"
"고 투 어 카페"

함께했던 순간이 떠오르지만
짐작만 있을 뿐…… 커피 한 잔과
아포가토 접시엔 스푼 네 개
꼭 쥐고 서로를 바라보며
"죽으면 죽여버릴 거야"
(구테 로이테,)
"깝죽대지 말고 부활해"
(좋은 사람들이란 뜻인데요)

이야기는 촉촉하게 입에 젖었어
그러니까 창밖에는 비가 내렸어

뮌헨 날씨는 너무 화창해
사람들이 아름다운 풀밭
배우처럼 보이는 이들의
다양한 표정을 구경하며
천변의 거리를 지나
카페로 향하고 있어

친구들의 일기에 나의 이름이 등장하는 빈도는 감소
'정 많고, 생각 많고, 돈도 조금 많았던, 그 시인'
보는 이의 인성에 따라 다른 내용의 자막이 나오는 신(新)영화
'너무도 인상 깊어 두 번 다시 보고 싶지 않은'
저는 어떤 존재 같나요, 어떻게 하면 좋을까요,
제 목소리는 어떤가요?
'대학생, 걱정,
강낭콩……'

이야기는 연기처럼 사라져가고
사람들은 여전히 술을 마신다
밤에는 어디로 가는 걸까

꽃잎이 그들 옷깃 속으로 들어간다
바퀴벌레라도 잡아주며 친해져볼까……

부러움, 안타까움, 고향이 그리움
감정과의 심각한 소꿉놀이, 그러나
흔들림, 한곳, 자유로움, 다채로움

다 필요 없어 나는 하얀 종이에
좋아하는 노란색을 가득 칠한다

질투, 슈니첼, 정신과 앞의 악사들,
우린 이제 구면이다
구면, 구면, 구면!

"그럼 손잡을까요……"

아니요!

풋노트

플루트 악보의 첫 장에는 이렇게 적혀 있다.
눈이 네 개니까.
청설모 둘,
동그란 볼을 받치고 있는 턱을 마주 보며
불안에서 벗어난다.

작은 부엌, 끓는 냄비 안을 보며
"너무 통통해. 이렇게나 두껍다고?"
씨름 선수는 스모 선수를
조심스레 껴안는다.

하트 모양 포스트잇에는
앞으로도
좋은 자수를 많이 놓아주세요.
저는 좋은 삶을 살겠습니다.
라고 적혀 있다.

두 볼에 붙어 있는 포스트잇을 떼는
공방 청년의 눈동자가 매서워진다······
"제게도 취미일 뿐이에요."

할머니께 받은 편지에는
엄마와 사이좋게 지내거라.
손주야,
너는 복덩이란다.
당신은, 애기입니까?

"아니요.
저는 순살 애기입니다."
얼마나 어립니까?
"생각은 있습니다."
정말입니까? 그럼
"결혼할까요?"

활짝 펼쳐진 꽃밭에는 이렇게 적혀 있다.

팻말을 읽지 않고 입장한 이들은 이곳에서 평생을 헤매고 있다.
톡 튀어나온 어깨뼈의 그들을 꽃밭 곳곳에서 마주칠 것이다.
물론 팻말에는 아무것도 적혀 있지 않다.
벌써 여기까지 읽었다면, 당신은 조심스러운 사람이다.
속이 좁은 정도로만, 배려심이 깊고, 기억력이 좋고,
조심스러운 당신은
절대로 깊은 사랑에 빠질 수 없으며
인생의 비밀과 아름다움에,
삶의 커다란 흐름에 몸을 맡길 수도 없다.
나도 참 못돼먹었지.
당신은 틀림없이 자살할 것이다.

*

그것을 읽지 않고 둘은 손을 잡았다.
그게 전부였다.

양가성 긍정

하나의 문장에는 하나의 감정만이 필요하다. 이 문장은 위 제목과의 양가성을 긍정한다. 내가 좋아했던 우마라는 여자애는 내가 만나는 숀이라는 남자애를 좋아한다. 숀은 내가 남자이길 여자이길 바란다. 인간을 사랑했던 나의 교수는 나를 사랑하지 못함으로써 자신의 양가성을 긍정했다. 휴머니즘을 저버린 행동을 저지르고, 휴머니즘을 통해 잘못을 용서해달라는 부탁으로써 긍정했다.

현재의 여유는 망설임의 형태로 존재힌다. 망설임은 양자택일의 가능성 아닌 양자택양의 불능으로 존재한다. 양자 사이에 내가 서 있으면 좋겠다는 생각. 그 사이를 지나다닐 수 있으면 좋겠단 생각. 나는 산책가를 자임하는 인간들 사이를 산책하는 나무였다. 산책하지 않아도 되었다. 그 사실을 긍정해도 되었다. 허락의 기쁨. 기쁨은 내가 그것에 의존하고 있다는 사실마저도 기쁘게 받아들이게 했다.

식물원에서 나누어주는 카메라

종이 케이스가 씌워져 있는 일회용 카메라
여름에 볼 수 있는 꽃들이 인쇄되어 있다.
영화감독이 운영하고 있는 식물원이다.

카메라로 식물을 찍을 필요는 없어요.
카메라로는 아무것도 찍을 수 없지요.
다른 이들에게 보여주려고 찍을 뿐이죠.
길게 보여주기 위해서는 비디오를 찍지요.

나는 폰에 찍어두었던 꽃들의 사진을 감독에게 보여주었다.
예쁘다고 그는 말했다. 꽃들이 모여 있는 밭이었다.
그는 꽃밭에 숨어 있는 한 남자를 보고
저기 사람이 있다고 말했다.
나는 위험한 사람은 아니라고 했다. 걱정할 필요는 없어요.
그는 손가락으로 화면을 쓰다듬으며 사진을 확대했다.
나이가 꽤 있는 사람이었는데 손등에 주름이 하나도 없어서
한번 만져보고 싶었다.

차를 마시며 감독은 내가 걱정이 많은 사람이라고 했다.
나는 그의 손을 만지려다 말았던 순간을 떠올렸다.

사람들은 왜 자기 안에 있는 말만 털어놓는 걸까.
도와줄 수 없으니 걱정이라도 해주는 척,
나의 양아치 같은 친구들은 어디에 있을까.

감독은 나에게 목장갑 한 켤레를 건네주었다.
차를 마셨다.

생쥐 이론

미술관 옆 도서실에선
세상에 정말 많은 작가들이 있다고 생각했습니다.

미술관 옆 카페에선
미술관에 들어가야 하는데

저녁에는 나와야 하는데
케이크만 고르고 있습니다.

초콜릿, 블루베리, 바스크 치즈.
쇼케이스 안에는 생쥐가 돌아다니고 있습니다.

그 작가가 말했던 이론이 떠오릅니다.
"작가들은 생쥐처럼 맛있고 멋있는 순간을 찾아다닙니다.
너무 독한 곰팡이는 피해, 똥 냄새 나는 곰팡이는 피해
적당히 꼬릿하고, 달콤한 부분을 앞니로 베어 간답니다."

쇼케이스 안에는, 줄지어 놓인 조각 케이크를 생쥐가 앞발로 날쌔게 속아내고 있습니다. 작게 휘몰아치는 케이크 가루, 제설기가 돌아가는 스키장…… 정신을 차리면 점원은 저를 돌려보내고,

카페는 점원을 돌려보내고. 생쥐는 케이크의 밑동에 등을 기댄 채 블루베리를 들고 있을 겁니다. 빨간 비니라도 씌워주고 싶은 마음인데요.

 블루베리에 관해선 이렇게 말할 수 있습니다. 이미 상큼한 블루베리를 달콤한 시럽에 담갔다 뺀들, 블루베리는 더 상큼해지는 게 아니라고요. 그런 블루베리로는
 혀는 파래지고, 이빨은 노래질 뿐이라고요.
 멋있고 싶다. 이런 결심을 하는 순간에

멋이 없어져버리는 건
그건 너무 커다란 고민이라고……

 멋을 찾아다닐 필요도, 생쥐가 될 필요도 없습니다. 부정하지만, 내려놓지는 않을 겁니다. 알고 싶은 것, 하고 싶은 것이 더 이상 중요해지지 않는 순간,
 생쥐도 하수구로 돌아간 까만 밤. 어제 맞은 뺨에 관해서는 이렇게 말할 수 있습니다. 사랑은 언제쯤 중요해질까요?

 그건 너무 작은 고민이라고……

얼마나 많은 사랑을 받았는지

저는 달리기하는 걸 좋아하고 달리면서
노래 부르는 걸 좋아하고
고프로 카메라로 제 모습을 녹화하는 걸 좋아해요.
달릴 때는 힙합 노래를 주로 부르는데요.
사람들과 노래방에 가는 것도 좋아해요. 그럴 땐
포크 노래를 자주 부르는데요.
간주 부분에서 휘파람을 부르는 걸 좋아해요.
저는 짓궂은 걸 싫어하고 놀리는 걸 싫어해요.
제가 좋아하는 일은
원치 않는 습관과 관계를 그만두는 것.
노력으로 극복하는 걸 좋아하고
노력하지 않는 순간을 소중히 생각해요.
다들 그걸 멋있어해요.

사람들을 만날 때 저는
순진하고, 젠체하고, 불필요한 존재인데요.
좋아하는 시를 소개할 때 저는
순수하고, 엄격하고, 불가결한 존재입니다. 수업을 열어
 사람들의 시를 읽고 도움이 될 만한 말을 해주기도 하는데요,
 그들은 제가 하고 싶은 일을 하는 모습을 부러워해요.
 그들이 이렇게 사려 깊은 독자를 만나서 얼마나 행복할까

부러움이 들어요. 그들은
얼마나 많은 사랑을 받았는지.

"최저 시급도 안 되는 돈 받을 바엔 그 시간에 잠을 자
겠다!"
예의 없이 무시하고 걱정한다며 하대할 때도
"수업을 안 들으면, 조금 행복할 것 같아서요."
일찍 상심하는 게 나을 거라며 작별을 전할 때도
제가 좋은 사람이라는 걸 알고 알아서 다행이에요.
자기 얘기하는 걸 왜 이리 좋아하는지 모르겠지만,
이건 누구에게도 보여주지 않을 자기소개서.
달리기의 종점에 서 있는 불 꺼진 크리스마스트리 앞에
앉아
저는 노래를 부르고 있어요.

어떤 말을 들어도 마음 깊이 그리워하게 되는 이들. 그
들에게
마음을 다 쏟아도 문제, 안 쏟아도 문제였던 이곳에서
나는 얼마나 많은 사랑을 받았는지.

어찌나 많은 사랑을 받았는지.

유원지 왔니?

훈련소에서 만난 소위님이 내게 자주 하던 말이다. 웃으며, 너 무슨 유원지 왔니? 어느 새벽 화장실에서 그분이 내게 사랑을 고백했다.

개가 좋습니다, 나는 웃으며 대답했다. 그가 개처럼 뛰어들어주기를 바라며. 그는 세 살짜리의 말투로 자기가 몇 살처럼 보이느냐고 물었다. 유원지 왔니?

포유류, 포유류, 들려오던 노랫소리. 너와 내 아랫배 위로 내리던 첫눈. 그건 아마 은목서 위의 전서구. 유원지 왔니, 나의 똘마니? 아주, 태극기가 바람에 펄럭이니?

작은 깃발 너머로 번쩍이던 기다란 별. 흐릿했던 모든 것이 명백해지고 그것이 영원하다고 느껴지던 순간 속에서 그와 나는 평생을 약속했다. "한편, 서로를 믿는다는 것은 서로를 믿지 않는다는 것과 다르지 않은 것이지요…… 다르지 않다는 것은 다르다는 것과 또 다르지 않은 것이기에…… 무언가를 정한다는 것은 또 그걸 정하지 않는다는 것과 다르지 않은 것이기에……" 우리를 진심으로 축복해주던 개가 어느새 꾸벅꾸벅 중얼거리고 있었다. 유원지 왔니?

유토피아에서 슬픈 시 쓰기

나는 돈 필요 없어
왜냐고는 묻지 마

집 필요 없어
왜냐고는 묻지 마

물 필요 없어
왜냐고는 묻지 마

나는 공기 필요 없어
필요한 것 없어

하지만 천국이 필요해
가서 나는 신나게 뛰노는 강아지가 되고 싶어

먼 근심

저기 있는 철교는 죄수들을 격려하기 위해, 감옥의 어떤 창문에서 보더라도 빛나도록 지어졌습니다. 다리 옆면에 새겨진 보이지 않는 색색의 글자들은 이렇게 쓰여 있습니다.

당신의 열망을 묶어두는 창살로부터 도망치세요. 철교를 달려가며 발걸음이 내는 커다란 소음을 들어보세요. 당신은 조심해야 한다는 것을 알고 있어요, 무언가 당신을 따라오고 있기 때문에. 간수들은 이곳에 올 수 없어요, 당신이 열망으로부터 도망치고 있기 때문에. 창살과 열망은 하나였습니다. 하나 속에서 당신은 간수들의 눈에 띨 수 있었습니다. 이제 당신은 보이지 않습니다. 당신을 따라오는 것은 오직, 되돌아가고 싶어 하는 당신의 마음입니다. 천국 같은 죽음을 견딜 수 없는, 그 물러터진 마음입니다.

하지만 당신은 동상처럼 서 있습니다. 산산이 부서진 채. 당신이 오지 않아도 될 때 와주세요.

선생님이 끓여준 뭇국에서는

쇠 냄새가 나요 선생님이 끓여준 카레에서는 가스 냄새가 밖에 나가지 못해 요리를 자주 한다고 말하는 선생님 입에선 아무런 냄새가 나도 좋아요 우리가 평어를 쓰자고 모인 선생님 댁이에요 선생님은 부끄러워하고 더듬거리고 그런 모습을 우리는 놀리며 놀아요 오면서 고르고 골랐던 말들 이 말은 꼭 반말로 해야지 다짐했던 것들 아름다운 냄비 연기에 파묻혀버리고 쇠 냄새가 나요 받으면 잡혀간다고 아무것도 사오지 말라고 당부하던 선생님 하나둘 떠나가는 당신의 친구들 생각으로 글을 쓰는 선생님 이렇게 평등한 자리에 저는 감자를 가져왔습니다 똑똑 비가 떨어지는 강원도의 하늘 아래서 캐왔습니다 할머니 댁 불타버리고 할머니 돌아가시고 감자밭이 되었는데요 풀 흙 시체 냄새 향긋한 감자인데요 선생님이 좋아하는 카레 선생님이 좋아하는 텅 빈 우물에 빠뜨려도 좋아요 반말로는 편해질 수 있죠 편한 건 존댓말이죠 최근에 쓴 글 최근에 쓴 시체 이야기 신나게 하시는 선생님 입에서는 쇠 냄새가 나요 가스 냄새가

경멸

 선생 앞에서 술을 마시고 애교를 실컷 떨었다. 푸른 화장실, 언젠간 내가 과묵한 사람이 되기를 바라며 새하얗게 질린 입술을 정리하고 나왔다.
 그는 또 사라져 있었다. 천변을 따라 돌아가는 길, 나는 녹음기를 꺼내 틀고 그의 작은 목소리만으로 그를 상상했다. "숨을 낭비하지 마세요, 그럴 계제가 아니에요" 어느새 나는 선생의 손을 잡고 다리를 건너고 있었다.
 이해하기 위해서는 살아야 한다, 살기 위해서는 내밀해져야 한다. 나는 멈춰 서 그의 단추를 하나씩 풀었다. 가슴 왼편에 커다랗고 빨간 상처가 보였다. 가슴이 오르고 내릴 때마다 상처도 촉촉하게 벌어지고 오므려졌고, 쩍쩍거리는 소리가 작게 들려왔다. 바라보고 있으니 안경에 김이 서렸다. 손가락을 갖다 대자 그는 이렇게 말했다.
 "당신이 더 나은 존재가 되기 위해, 여러 가지 시도를 해왔다는 걸 알려주기 위해 받아주는 거예요." 경멸스러운 눈빛을 마주할 수 없어 나는 그의 상처만을 바라보았다. 그가 숨을 거둘 때까지 마르지 않을 듯한 상처 사이로, 아주 작은 원숭이와 염소 들이 짝지어 걸어 나오기 시작했다. 그의 어깨 너머로 검은 바다가 펼쳐졌.

 등대인지 선함인지 모를 곳에서 전해오는 푸른빛을 나는 과장되게 해석했다. "말한다는 것은 오로지 너에게 간다고 말하는 것. 그것밖에 없다." 나는 등성이가 푸르스름한 당나귀가 되어, 벙긋거리는 그의 상처 속으로 걸어 들어갔다. 나의 등에 서린 빛이 초라한 다리까지 흘러내렸기 때문에, 멀리서 봤을 때 나는 온전한 유성처럼 보였다.

초조한 마음

곤충스님, 시간에 쫓긴 적은 없나요?
초록색이 다른 무엇보다 좋았던 적은 있어요.

저는 의무감이라는 초록색 방 안에 지내고 있어요.
그 속에서 자유롭기에 저는 삶을 추구하지 않아요.
생각에 잠겨 있어요, 다리를 벌리고 허리를 세운 채
기지개를 켜자 나의 배에 부드러운 바람이 불어요.

커피 마시고 햇살 맞으니 기분이 좋아졌나요?
웅덩이에 떠다니는 지렁이들을 집어 먹었어요.
새벽에 태풍이 지나갔나요?
마늘은 조약돌이 되었어요.

아기가 문을 열고 집을 나갔어
길에선 하루 종일 아기 냄새가
도사는 길을 걷다 뺨을 맞았어
이건, 새로운 마사지 기법인가?
배달원은 언제나 칠부바지를 입고
연인은 노점에서 귀걸이를 고르네

꼼꼼하게 긁썽이고 치워버렸어요.
출구는 그대로 출구였어요.

일방통행로

"네 길을 가라!" 그 말을 조그맣게 되뇌어보기도 하고 손가락으로 작게 써보기도 했다. 힘든 날, 내가 무서워하던 이들 모두가 나를 둘러싸고 소리 지르는 날이면 그 말을 외치며 보냈다. 나는 느낌표를 좋아했는데, 이 말에 붙은 느낌표에는 내가 좋아하기 전부터 이어져왔던 좋음이 완벽히 담겨 있었다.

안전

 남자아이 둘이 자전거를 타고 있다. 하나는 크고 하나는 작고 둘은 다투고 있다. 너 친구 맞아! 큰 애가 소리친다. 아니! 작은 애가 소리친다. 큰 애가 자전거를 타고 골목으로 빠르게 사라진다. 작은 애는 천천히 자전거를 타고 가고 있다. 얼마 후 자동차 클랙슨이 크게 울리고 급정거하는 소리.

 큰 애가 씩씩거리며 자전거를 타고 달려온다. 봤어? 방금 나 죽을 뻔했어! 작은 애는 고개를 다른 쪽으로 돌린다. 큰 애는 자전거를 세우고 작은 애 앞에 다가간다. 뭐야, 울어? 큰 애는 한손으로 작은 애 볼에 흐르는 눈물을 닦아준다. 작은 애의 입꼬리가 씰룩거리고 큰 애는 작은 애의 입술을 바라본다…… 다시 자전거를 타고 골목으로 빠르게 사라진다.

그 시위

너는 너의 친구에게 배우고
나는 너를 보고 배우고
나의 친구는 나에게 배우네
혁명에 관해서는.

나는 나의 친구에게 배우고
너는 나를 보고 배우고
너의 친구는 너에게 배우네
허영에 관해서는.

나는 그 시위에 신고 갈 신발을 고민하고
너는 그 시위에 들고 갈 깃발을 주문하고
나는 네가 자고 갈 방을 열심히 치우고
너는 잘 생각을 안 하네 잘 생각이 없네.

나는 길에서 잠이 들어도 좋겠어. 네가 준 깃발을 들고
너는 동지들과 밤새 술 마셔도 좋겠어. 내가 준 손수건
그런 건 너의 검은색 가방 깊숙한 곳에, 나의 증명사진
과 함께.

항상 네가 나를 어떻게 보는지 궁금했어. 나의 '역사'나 '입장'

 그런 것 말고 나의 얼굴을, 가슴을, 팔목을. 반바지를 입으면

 핏줄이 꼬여 튀어나온 나의 왼쪽 종아리. 그런 건 어쩌면 핏줄이 꼬여 튀어나온 너의 오른쪽 귀. 다른 곳보다

 피가 천천히 흐르는 곳. 기형이나 종양. 어쩌면 그런 건

 피들의 쉼터. 원망의 무덤과 공감의 기원. 항상 조심스럽고 매순간 극단적인 삶.

 "옛날 같으면 봉제 공장에 들어가 며칠 일하고 뛰쳐나왔을 대학생, 자기 얘기를 수줍게 떠들고 다녔을 푼수."

 그런 건 네가 보는 나의 극히 일부분, 평화로운 일부분이라고 너와 마주 앉아 수많은 조용한 카페에서 떠들었고 네가 모든 일에 대한 입장을 어떻게 그리 빠르고 명확하게 가질 수 있는지

 나는 물어볼 수 없었어. 그건 너에 대한 비아냥, 못마땅함, 화. 그러나 누군가 네게 똑같이 물었을 때 너는

 "좋은 질문, 한 번도 생각해본 적 없는 질문." 처음으로 자기에 대해 생각하게 되었다는 듯이,

까맣고, 커다랗고, 아무것도 비치지 않는 그런 눈동자로 너는 가끔 말한다. 네가 나를 얼마나 아끼는지 나는 절대 모를 거라고.

알고 있어. 나는 너처럼 될 수 없겠지. 그렇지만 너는 절대로 내가 될 수 없을 것이다.

이런 저주를 마음속으로 속삭이는 줄도 모르면서.

듣지를 못하니 푸는 방법을 고민할 일도 없겠지 너는.

집안 사람들에게 웃어주고 용돈으로 받은 오만 원짜리 두 장을

너에게 찍어서 보낸다. 몇 시간, 아니 며칠 후 너는 내가 찍어준, 그리고 짐작 가는 누군가 찍어준 사진 두 장을 나란히 붙여서 보내네.

너는 지하철 안에 있고 헤드폰을 끼고 서 있다. 가벼운 공황이 느껴지는 표정으로 나를, 짐작 가는 누군가를 쳐다보고 있다.

네가 없는 지하철 안,

나는 책을 읽고 있는 평범한 저 남자를 바라본다. 하얀 얼굴에 앞머리가 자연스럽게 갈래지어 내려오는 이마,

몸보다 조금 큰 회색 재킷 안엔 하얀 티셔츠, 노란색 면바지. 무릎에 놓인 검은색 가방은 가슴팍까지.

어린 왕자가 어린 왕자를 읽고 있구나. 필요 없어. 너와 내가 그 시위에서 아주 잠깐이라도 나란히 걷고 있는 시간이 있을까?
너는 온종일 바쁠 텐데.
내가 저 어린 왕자 대신에 너를 만나는 것이 맞는 선택일까? 나는 젊은데.

아는지, 모르는지, 중요하지 않은 건지, 중요한 게 따로 있는지.
작년에는 그리도 생일 선물을 받고 싶어 했으면서
올해는 왜 이리도 덤덤하신지.

한편 너의 친구와 나의 친구 들은
너와 나를 보고 배웠네, 사랑에 관해서는.

단두대 관측

여왕은 모든 것을 거절이라 이름했네
왕은 죽은 양에게 초상화를 부탁하네
이 이슥함이 나는 느끼하네

절망의 표정은 단순한 금속성
낄낄대며 눈부시고 낄낄대며 녹슨다네
그것의 목이 부러질 때까지

그것을 입에 담지 않을 것이다
시민으로서 늘
별첨을 자세히 봐둘 것

우리는 웃으며 자리를 파했다

아침에 전화가 왔다
훈련에 갔냐고 물었다
마지막 예비군 날이었다
택시를 타고 훈련장에 갔다

저녁에는 첫 시집을 낸 시인의 낭독회에 다녀온 친구들과 만났다
나는 이미 잊혀버린 작가라는 불안을 안고 술을 마셨다
계엄령이 선포되었다는 뉴스가 중계되었다
가짜 뉴스 같다고 말하며
우리는 웃으며 자리를 파했다

전화가 왔다
우리가 만났던 어제가
만나는 마지막 날일 수도 있겠다는 느낌이 들어
애틋하다고 말했다

수많은 사람들이 국회 앞 발언대에 줄을 서고 마이크를 잡았다
그들은 내가 마시고 있는 와인을 탐냈고
우리는 그것을 나누어 마셨다
24시 김치찌개집으로 들어가

그들과 함께 대통령의 하야를 연신 외쳤다
계엄이 해제되었고 국회에서
군대가 빠져나갔다 의원들이 집으로 돌아갔다
우리는 웃으며 자리를 파했다

첫차를 타고 돌아오는 길에는 출근하는 사람들이 빼곡했다
가방에는 예비군 훈련 때 입었던 군복이 들어 있었다
세 시간 동안 종점에서 기차를 갈아타며
노약자석에 앉아 잠이 들었다

다음 날 만난 외국인 친구들은 어젯밤 일을 계속해서 물었다
나는 계엄을 영어로 뭐라고 부르는지 찾아놓는 걸 까먹지 않았다
전날 밤 군복을 입고 국회에 갔다는 과장을 빼놓지 않았다
그들은 나를 이상하게 바라보았다 그들의 안전에 대한 걱정이
이 나라에 대한 비웃음으로 이어지는 것을 들었다

나는 설명을 다했다 너희는 안전할 거야
무사히 돌아갈 거야 가족과 친구들의 걱정은
걱정하지 마 한편으로 생각해봐 이것은
너희 나라에서 내가 관공서나 경찰서에 가면
투명 인간처럼 아니면 저주해 마땅한 인간처럼 대하는 그 모습과

다르지 않아 군대가 지키고 있는 게 다를 뿐
결국에는 안전하고 무사히 돌아가는 건 다르지 않아

우리는 웃으며 자리를 파했다 혼자 돌아오는 길에는
내가 살지 않았던 시대 겪지 않았던 계엄
내가 살고 있는 시대 겪고 있는 계엄도
다르지 않을 거라고 군대가 세 시간 만에 물러가도
대통령이 물러가지 않고 시대가 물러가지 않는 건
다르지 않다고 나는 되뇌었다 그러자 누군가 말했다
대통령이 물러가고 시대가 물러가게 되는 것도
다르지 않을 거라고 계속되는 것은
끝나버리고 새롭게 시작되는 것이지
끝나버리지 않는 것은 없다고

누군가는 웃지 않고 있었다

미스터 아메리카의 최후

여행 트렁크를 열고 나온 그 남자는
벨벳 드레스를 입고 있었습니다
입고 있었다는 것을
오 분 동안은 몰랐던 것 같아요
자기가 어디에 있는지 두리번거리느라
남자는 자기가 입은 벨벳 드레스가 꽤나 잘 어울린다고 생각했습니다
그 모습을 누군가에게 보여줘야겠다는 생각도 했죠
하지만 그곳은 아무도 없는 곳이었습니다 아무도 없었기 때문에
옷을 벗지는 않았어요 그는 옷을 입고 있었죠
남자는 거기서 몇 년을 살았습니다
침식과 풍화를 거쳐 벨벳은
나무껍질처럼 까끌까끌하게 변했고
남자의 피부도 변했습니다
어느 날 선선한 바람이 불었습니다 오늘 날씨처럼요
그때 남자는 잠깐 생각했습니다 자기가 이곳에 던져진 날을
던져졌을까? 그저 자기가 트렁크를 열고서 나온 그날을
그때는 모든 것이 조금씩 부드러웠다고
남자는 잠깐 생각했습니다

2부 먼 의자

비밀

옛날에, 나를 좋아하던 이들은 마주 앉을 때마다 책상 밑으로 발을 건드렸다. 발을 지그시 누르는 이도 있었다. 친구가 되어 물었을 때 그들은 눈을 피하며 웃었다. "보이는 데를 건드릴 순 없잖아?" 우리는 모두 이야기하는 걸 좋아했다.

그들 중 몇몇과 나는 보이지 않는 것들에 대해서도 이야기하는 사이가 되어갔다. 그 얘기는 남들이 궁금해했지만, 또박또박 말해줘도 하나도 전해지지 않는 것이기도 했다.

어느 순간부터 나는 누군가 나를 건드리는 일을 극도로 싫어하게 되었다. 친구들과 멀어졌을 때, 나는 우리가 나눈 것이 차라리 비밀이었으면 했다. 혼자서도 간직하고 되새길 수 있는. 그러나 그건 그들과 이야기할 때만 잠깐 생겨났다 사라지는 것이었다.

새로 사귄, 사려 깊은 친구는 언제나 눈을 마주치고 얘기를 들어준다. "그런 게 비밀 아니었을까?" 오늘따라 친구는 눈이 젖어 있고, 자주 다른 곳을 보며 웃는다. 나는 친구의 옆으로 다가가, 붙어 앉아 그가 보고 있는 곳을 바라본다. 내가 너를 건드리고 있는 건 아닐까,

그랬던 적은 없을까 떠올리자 보이지 않는 그곳에서, 오래전의 나와 친구들이 나누었던 이야기가 비로소 비밀이 되어가는 것을 바라본다.

의자

 친절하고 공감력 넘치는 사람을 찾고 계시나요? 당신의 소중한 시간을 위해 저희에게 전화해주세요. 가장 따뜻한 사람들이 당신을 기다리고 있습니다. 당신이 울기 전에 울고, 웃을 때 함께 웃고, 당신이 어떤 존재이든 영원히 사랑할 것이라 속삭여줄…… 우리는 멀리 있지 않습니다. 우리는 먼 의자입니다.

먼 의자

지하철이 한강을 건너며 흔들거린다.

삼각지에서 내리는 거야.
오이도 방향으로 갈아타는 거야.
잘 만나고 와.
규도와 나는 앉을 곳을 찾는다.
사람들이 한 칸씩 건너 빼곡히 앉아 있다.
책을 읽고 있는 학생이 자리를 옆으로 당겨 앉는다.
규도는 학생이 비켜준 자리에
나는 규도의 오른쪽에 앉는다.

우리 그런 사이 아니라 같이 안 앉아도 되는데.
나는 규도를 사이에 두고 학생에게 웃어 보인다.
손이라도 잡고 있으세요.
책에 얼굴을 묻은 채로 학생이 말한다.
나의 오른쪽에 앉아 있던 사람이 일어나자
규도는 학생을 쏘아보고
나의 왼쪽에서 오른쪽으로 온다.

규도는 내린다. 길을 잘못 든다.
나는 따라나선다. 학생이 부른다.
죄송해요.

재밌게 읽은 걸 바로 써먹는 버릇이 있어서요.
아까는 무례했던 것 같아요.
지하철 문이 닫히고 나는 수줍은 표정의 학생을 바라보고 있다.

학생과 나는 공원 벤치에 앉아 있다.
나는 돋보기를 꺼내 멈춰 있는 개미 둘을 들여다본다.
그들의 입술을 읽을 수 있다. 그들은 서로의 말을 기다리느라
오랫동안 말이 없는 중이다.
규도는 안나를 만나는 중이다.

안나는 규도에게 이렇게 말할 것이다.
예쁘게 입느라 춥게 입고 왔구나.
내가 안아줄게.

*

엄마. 오늘 저녁 뭐야?
엄마. 오늘 저녁 뭐야?
엄마. 오늘 저녁 뭐야?
엄마. 오늘 저녁 뭐야?
엄마. 오늘 저녁 뭐야?

안나의 품속에 묻힌 규도의 입술 양 끝에
하얀 거품이 보글거릴 것이다.

캄캄한 부엌 속으로 걸어가 안나의 장바구니를 보며
규도는 한숨을 내쉴 것이다.

카레.

규도에게는 세 명의 엄마가 있다.
나, 안나, 자스민.
자스민이 있었다.

퍼펙트

!
뒤를 돌아보니 자스민이다

개천이 강으로 이어지는
비옥한 트랙이다

어젯밤엔
'자스민이 죽었으면 좋겠어요'라고 구글에 쳐보았는데
셀 수 없는 글이 커뮤니티에 올라와 있었다

다들 내가 그걸 다 썼다고 생각한다
자스민의 아버지가 나의 무죄를 밝혀내는 중이다

그의 아버지는 서초동 변호사
(그의 자랑)
그의 어머니는 요지 야마모토 앰배서더
(그의 사랑)

잡초가 우레탄을 뚫고 나와
구청에선 무얼 하는지

그의 아버지는 무얼 하는지

고씨 성을 가진 변호사

고사리 같은 손가락
고사리 넣어 끓인 국수
고민을 털어놓는 여자
고개를 끄덕이는 남자
고료 때문에 허덕이는 출판사
고속터미널역에서 내린 군인
고속버스의 차량 번호를 까먹고
고요히 주차장 앞에 서 있는 남자
고야드 백에서 전화를 꺼내는 여자
고리가 끊어져 들 수 없는 가방
고추를 썰고 눈을 비비는 요리사
고수를 듬뿍 넣은 비빔 쌀국수
고라(gorra)는 스페인어로 모자
고라 델 레이(del rey), 그건 왕관이라는 뜻

보전사

아이는 도너츠를 들고 있기 힘들어, 했다.
크림이 너무 가득 들어 무거워.

나는 아이 옆에서 두 손으로 도너츠를 들고 있었다.
늘어진 하얀 반팔 밖으로 빠져나온 너의 팔.
근육 한 줄 없는 하얀 팔.

저 두꺼운 옷들은
어떻게 껴입고 나오는 것일까.

한입 먹고 전화를 보고
한입, 전화를 받고

한때 아이가 나의 것이라고 생각했었다.
이제 나는 너를 보전하는 사람이 되어가.

동호대교

지하철 안에 서 있었다
옆에

누군가의 품에 안긴 작은 아이가
눈을 크게 뜨고
나를 바라보았다

나도 눈을 크게 뜨고
아이의 눈을 바라보다가

열차 안이 참 밝구나

싶었다

열차가 점점 속도를 줄이고
아이와
사람들이
주황빛으로 물들고

나는 창밖을 바라보았다

열차가 가는 방향으로
강물이 가고

건너편 다리
다리들 너머로
해가 떠 있었다

눈이 참 부셨다

사람들도 같은 풍경을 바라보고 있었을까

열차가 천천히
다리 위에 나를 두고
지나가고 있었다

나는 다리 위에 서서

이제
더는 돌아갈 곳이 없겠구나

없구나

아

나는 집으로 가고 있었다

하모니엄

 여우비 내리는 날에도 불은 조금씩. 카페 '온 더 플랜'의 비상구는 일 층에 두 개, 이 층에 두 개.
 비상벨을 누르자마자 바퀴벌레 떼가 건물 앞으로 모인다. 우글거리며, 건물보다 높은 탑을 쌓고 있다.
 두꺼운 백과사전 같은 건반 악기가 외벽을 따라 축 늘어졌다. 불길 속에서 조금씩 소리를 낸다.

 아주 진한 주황색 운동장에 레몬 한 알 놓여 있다. 수영을 마치고 나오는 아이들 표정이 밝다.
 그들 중엔 나와 엄마도 있는데, 엄마는 나의 옷과 등 사이에 고드름을 넣고 도망가는 아이다.

가장의 아름다움

 우리는 피 한 방울 섞이지 않았다. 우리의 피가 섞이는 일은 우리가 여행을 떠나온 이 밤, 방 안에 나란히 잠든 우리의 종아리를 하나씩 물어간 모기의 뱃속에서나 가능할 뿐이다. 떠나온 각자의 부엌에는, 우리가 키우기로 한 아이의 작은 밥그릇이 고요히 놓여 있다. 어떤 밥그릇은 깨끗하게 닦여 있고 어떤 밥그릇엔 먼지가 쌓여 있다. 하지만 우리 각자가 밥을 담을 때면, 우리는 누군가를 유혹하고 싶은 마음을 밥그릇에 꾹꾹 눌러 담고 있다는 사실을 안다. 우리의 아이는 그것을 먹는다. 아이는, 아이는, 아이는.

텍스트

어젯밤엔,
오랜만에 자스민의 메모장에 들어가보았다
'내가 하는 일은 더 훌륭해야 해. 나는 무능해.'
'그분은…… 너무 의심스러워.'

그가 더 귀감이 되는 글을 썼으면 좋겠다고 생각했다
새벽에 그에게 말을 걸었다

삭제된 메시지입니다
삭제된 메시지입니다

조선왕조실록 같고 별
빛 같았던 대화

조츰조츰 내리는 봄
비에선 야채샐러드 냄새

커뮤니티에선 자스민이
'그랬더랬대요', '앵두!' 이런 말만 해도
모두가 그를 보고 킥킥거렸다

너 산해진미,
꼼짝 마! 하면서 그가 뛰어온다

자스민이다

성격 교화 직전

"휴지를 한 칸, 한 칸 뜯고 있어. 너를 기다리고 있어. 그것이 죽음일 수도 있어. 세 끼를 했나. 두 손을 비비고 있나. 사람들을 좋아하고 어울리길 좋아해? 그게 내 유일한 휴머니티는 아니야. 더 자두의 김밥. 세상과 김밥과 우리의 사랑이 변한단 얘기야."

좋은 기회야,
좋은 기회가 알려주었다
설렘은 천식처럼
축축했다

"아직도. 자신이 되기 위해 다른 이가 되고 있구나. 옷과 신발을 그렇게 좋아하는구나. 네 사랑을 받은 이들이 토로했어. 부담스럽고 죽이고 싶다."

"따옴표 쳐봐"
차가운 폐 건조한 폐
"계속 쳐봐"
건조한 폐

클라리넷을 불며
들이쉬고 내쉴 땐
시월의 어느 멋진 날,

새하얗게 머리가
어깨가 쏟아졌어

"네 손을 보면 정말 작아. 어릴 땐 더 작고 통통했지, 팔다리도. 그때 사람들은 너를 사람처럼 안 대하고 마치 피카츄처럼 대했어. 그들은 씻지도 않은 손을 네 볼과 인중에 비비며 소리를 질렀지, 마치 너의 귀여움에 감전되었다는 듯이. 방금은 그냥 내 생각이야. 길 가다 피카츄 돈까스 보고 든 생각."

떠들썩한 슬픔의 옷
홍채들 자라기 전

순박한 마음

고민할 땐 섬세하고
결정할 땐 대범하고
행동할 땐 무해하지
가만히 있을 땐
아름답고 조용해
맞아 나는
아름다운 사람.

감미롭고 소박하고
정직하고 자유롭고
독실하고 학구적인
그래 나는
하나님의 천사.

김밥과 커피

김밥을 말던, 비닐장갑 낀 손으로 안나는 창밖의 커다랗고 빨간 해를 바라보았다. 그리고 손등으로 자신의 이마를 닦았다. 그녀의 이마에 참기름이 묻어 번들거렸고, 멀리서 비쳐오는 해의 빨강이 안나의 빛나는 이마에 스몄다. 나는 창밖에서 그녀를 바라보고 있었다. 안에는 안나 말고 아무도 없었다. 안나는 비닐장갑을 벗고 싱크대의 수도꼭지를 돌렸다. 고무장갑을 끼고 싱크대 안의 물잔을 힘차게 씻는 그녀의 얼굴에, 크고 작은 물방울이 튀었다. 안나는 창밖으로 몸을 돌려 나와 눈을 마주쳤고, 고무장갑을 낀 채 브이 자를 지어 보였다. 나는 따뜻한 커피 두 잔이 꽂힌 캐리어를 들어 보였다. 그녀의 장갑에 묻은 비누 거품이 바닥으로 똑똑 떨어지고 있었다. 마른 수건으로 그녀의 얼굴과 바닥을 닦아주는 건 나의 몫이었다.

브람스를 좋아하세요…

 어머니는 줄곧 내가 나이 많은 사람을 만나게 될 거라며 걱정하셨다. 그렇게 말씀하실 때 그녀는 나를 가엾게 바라보고 있었다. 나는 집 안에서 그녀를 강아지처럼 따라다녔다.
 내가 도움이 필요했던 날들에 어머니는 작법서를 쓰고 있었다. 나는 그게 무엇인지 모르는 열한 살이었다. 그녀가 켜놓은 MS 워드 창에 노란 강아지 캐릭터가 이곳저곳 돌아다니며 도움이 필요하세요… 라고 묻던 모습밖에 기억나지 않는다.

 "주인공이 과연 브람스의 음악을 좋아하는지, 그리고 시몬이라는 남자를 좋아하는지 확신할 수 없는 마음을 반영하기에, 제목은 물음표로 끝맺을 수 없는 거야.
 물음표를 길게 펼치고, 조각내고, 굴려볼 수밖에 없기 때문에. 말줄임표는 말을 생략하고 있는 게 아니야. 결국에는 탄식에 수렴하고 말 수많은 점들을, 몇 개의 문진으로 눌러놓는 거야. 너는 그 아이를 사랑하니?
 그 아이의 흠결을 찾으려 애쓰며, 너와는 맞지 않는 사람이라며 체념하고 후회하지는 않니?"

도움이 필요했던 날이었고 어머니와 댐이 보이는 카페에 있었다. 나이 많은 남자와 여자 들이 어머니를 한 번씩 쳐다보았다.
 어머니가 화장실의 문을 닫고 들어가자 그들의 눈길은 나를 향했다. 나의 호주머니에는 어머니가 책에 줄을 그을 때마다 쓰던 젤리 샤프가 들어 있었다.

 그들은 마치 그 샤프를 찾으러 온 경찰관 같았다.

극장을 지나면 출구

 샤워를 하다가 비누를 샤워볼에 묻히지 않고 옆에 걸려 있던 마른 수건에 묻혔다. 적신 수건으로 한동안 몸을 이리저리 닦았다. 어릴 적 사우나에서 때밀이 아저씨가 다 밀고 이렇게 해주던 기억이 났다. 성기가 작았던 나는 중학생 때부터 사우나에 가지 않았다. 오랜만에 가봐야겠다는 생각이 들었다.

 집에서 한 블록 떨어진 곳에 있는 사우나 굴뚝에선 하얀 김이 피어오르고 있었다. 열쇠를 받고 탈의실로 들어가자 아침 뉴스 소리가 들려왔고, 나는 번호에 맞는 로커를 더 들어가 문을 열었다. 그때, 어릴 적 주말 나를 데리고 사우나에 갔던 사람이 나의 아빠였다는 사실이 새삼 떠올랐다.

 한 달에 한 번 그는 나와 사우나에서 목욕을 하고, 국밥집에서 밥을 먹고, 한 손에는 나의 손 다른 손에는 킥보드를 접어 들고 전철에 올랐다. 교대역에서 출발해 잠실역에 내린 우리는 교보문고로 향했다. 아빠는 이건희 인터뷰집(나는 그가 우리나라 대통령인 줄 알았다) 아니면 비슷한 책, 나는 만화책 한 권을 사 들고 올림픽공원으로 가서 저녁까지 킥보드를 탔다.

돌아오면 엄마의 짜증과 저녁. 밤에는 둘이 싸우는 소리가 들리기도 했고 나를 깨워 때리기도 했다. 그럼에도 겨울날 아빠와 하얀 햇빛을 맞으며 올림픽공원으로 향하던 순간, 쌀쌀한 바람에 땀이 날아가 몸이 서늘해졌던 순간은 아름답게 남아 있다. 고작 성기가 작은 것 때문에 이제야 기억을 떠올리는 게 우습지만, 부모와 멀어지던 날들의 기억이 사우나라는 공간에 묻어 있지 않은 건 좋은 일이다.

캘리포니아는 언제나 여름이었다네

 도마 왼쪽에 있는 쟁반 위에는 다섯 개의 레몬이 줄지어 놓여 있고

 나는 그것들 중 하나를 가져와 썰기 시작한다 눈앞에 놓인 모든 것들이 깔끔하고

 레몬을 써는 데에만 집중할 수 있게끔 해준다 오늘은 할아버지가 돌아가신 지 삼 년째 되는 제삿날이다 오랜만에

 우리 집에 모인 친척들과 삼십 분 전에 제사를 지냈고 모두들 잘 지낸다고 할아버지께 말씀드렸다

 모두들 거실에 한 자리씩 차지하고 내가 와인과 사이다와 레몬을 섞은 음료를 가져오기를 기다리며

 술을 마시고 있다 고모들 사이에 사촌 동생들이 앉아 있고 막내 사촌 동생이 안마 의자를 켜고 앉아

 덜덜거리는 것을 보며 다 함께 웃고 있다 막내 고모가 거실 창문을 열고

 그렇게 싸울 거면 집에 들어와서 싸우라고 말하자 바깥에서 어머니와 아버지가 무슨 네가 죽였지

 네가 죽였어 아니야 저 새끼가 죽였어 친척들이 일어나서 웅성거리는 소리 카펫에

 술잔이 툭 떨어지는 소리 어머니와 함께 반찬을 들고 할아버지 댁을 찾았을 때 그는 검은색 기둥이 되어 누워 있었다

차를 몰고 댁으로 향하던 길에 우리 앞에는 혼성 아이돌 그룹의 사진이 뒷면에 크게 붙은 고속버스가 달리고 있었고

어머니와 나는 그들 중 누가 제일 괜찮아 보이는지에 대해 이야기하기 시작했다 대화는 누가 더 박복해 보이는지 토론하는 쪽으로

결국 각자가 하고 싶은 이야기를 하는 쪽으로 흘러갔다 우리가 정말 오랜만에 말을 나누고 있다는 생각이 들었을 때

나는 어머니에게 많이 사랑한다고 말했고 나를 사랑하느냐고 물었다 어머니는 우리 가족이 다 함께

미국에 가서 살았으면 좋겠다고 대답했다 왜요? 사랑하니까, 나는 그곳에 살았을 때 처음 사랑이라는 걸 해본 것 같아

스무 살 때 어머니와 성형외과에 가서 각자 코에 보형물을 넣는 수술을 받고 일 년 뒤, 다시 코를 열고 그것을 들어냈던 기억이 떠올랐다

마음의 준비라도 할 수 있었을 텐데, 문틈으로 새어 나오던 할아버지의 냄새를 맡고서도 왜 멈추지 못했을까 하는 후회가 가끔 들기도 하지만, 그때 우리는 완전히 다른 생각에 정신이 팔려 있었던 것 같다

닫힌 별

네가 서울대만 가면 삼십 년은 행복하겠지, 했어. 어제 달력을 보는데 벌써 십 년이 지났더라. 앞으로 이십 년만 더 우울하면 되겠구나, 했지. 그의 등에 기대 눈을 감았을 때 떠오른 엄마의 말이다.

반지갑과 아이폰을 한 번에 쥔 커다란 손. 딱 맞는 비니가 감싼 작은 머리. 장신 집안에서 키가 제일 작다고 했다. 어릴 적 공부를 잘하고파 잠을 안 잤다고. 그가 도서관에 오지 않으면 공부가 되질 않았다.
"누구보다도 저를 걱정하시는 부모님께 감사드립니다. 저를 문학과 연극에 가닿게 해준 고대극회, 불화와 부정의 가치를 제게 알려준 고대문화, 그리고 마음속의 연연하는 선생님들,
김종삼과 자크 프레베르에게 안부를 전합니다." 이 말을 쓸 때, 나는 불만족 속에서 죽어갔다. 이제는 가족을 기쁘게 해주고 싶다. 편입에 성공할 것이다.

그는 회계사가 될 것이다. 기다란 책상에 우리는 나란히 앉아 있다. 남색과 흰색이 잘 어울리는, 내 몸에 걸쳐준 니트는 어깨와 팔꿈치가 유난히 닳아 있는
그와 있으면 솔직해지는 일에 대해 고민하지 않아도 돼 좋다. 서로가 척하는 것에 익숙하고, 그런 서로를 예쁘게 봐줄 수 있기 때문이다.

그가 책장을 넘기면 내가 책장을 넘긴다. 내가 책장을 넘기면 그가 책장을 넘긴다. 빛은 어디에서나 온다. 다음 날 고려대학교 백주년기념관 4층 열람실 A구역에도.

빛바랜 흰색 티셔츠에 푸른색 워크 재킷을 입은 그가 다가오고 있다. 오늘은 그가 이곳저곳 긁힌, 굳은살이 박인 커다란 목수의 손을 주머니에서 꺼낼 것만 같다. 하지만 나는 황조롱이,

비둘기들의 천적이지! 비둘기를 무서워하는 그를 위해 두 팔을 벌린 채 달려가는, 비둘기 떼의 배후를 기습하는 나의 뒷모습이 떠오른다. 나의 팔이 긋는 선분으로 허공을 둘로 나눌 수 있기를 원하며.

*

주말 오후의 부엌, 엄마와 아빠가 웃으며 노래를 부르고 있다. 둘 중에 누가 나를 데려갈지에 대해 상의하고 있다. "뭘 아는데?" "너는!" 등을 돌리면 거실, 마루에 깔린 얇고 넓은 담요 위에 엄마와 아빠는 누워 있다, 서로를 바라보며. 가까이 다가가자 둘은 김종삼과 자크 프레베르다. 나는 담요의 남은 부분을 접어 그들이 보이지 않게 덮는다. 다시 펼치자 그들은 없고 주말 오후의 마당, 수영복을 입고 창틀에 기대어 있는 나와 한쪽 무릎을 꿇고 나의 사진을 찍어주는 아빠의 모습이 수놓인 담요가 있다. "바래다줄게." "수영장까지?" 레몬색 민소매 차림의 엄마가 나를 데리고 버스에 오른다.

"잘 부탁해요." 단지를 벗어나자마자 엄마는 버스에서 사뿐히 내린다. 나는 멀어지는 엄마를 바라보다 버스가 한

강을 건널 때는 이제, 더는 돌아갈 곳이 없겠다고 생각한다. 지금도. 옆 테이블의 젊은 연인 사이에 놓인 딸기 케이크를 가리키며 나는 미친 듯이 울고 있다. 엄마와 아빠는 나를 주거니 받거니 하며 달래고 있다. 나는 나의 가장 큰 소리로 운다. 아빠는 옆 테이블로 재빨리 손을 뻗어, 케이크 위에 놓인 딸기를 퍼 와 나의 입속에 넣는다. 포크를 쥔 연인이 텅 빈 눈으로 나를 바라볼 때, 나는 천천히 엄마의 품에서 빠져나와 그들에게 날아간다. 가까이 다가가자 그들은 스물다섯의 엄마와 아빠였다가, 서른 살의 그와 나로 있다.

*

그에게 청혼할 때는
그와 이별했을 때처럼 눈물이 줄줄 흐를 것이다.
우리가 갖게 될 아이는 너무도 아름다워
나는 매일 그 아이를 바라보다 눈물을 흘릴 것이다.
그와 나, 우리의 부모, 그리고 우리의 아이들이 있는 풍경에는
행복만이 가득하다.
이 순간들을 사랑이라는
단 하나의 선으로 이을 수 있다.

훗날 우리는 학교를 세울 것이다.
사랑의 이름으로,
우리가 지나온 좋은 것들을 알려주는.
살면서 행복한 적은 있나요?

당신은 그렇게 살 필요가 없어요.
그 어둠 밖에는 다른 삶이 있어요.

우리가 만나기 전
우리의 부모들은 새파란 창을 들고
각자의 자식을 따라왔어요.
우리에겐 뒷걸음질의 날들이었죠.

어느 날 그와 나의 등이 맞닿았고
뒤를 돌아서 눈이 마주치자마자
우리는 서로를 끌어안고 입을 맞추었어요.
요정들이 가득한
숲속이었어요.

나는 놀라서 물었죠.
너희들은 한여름 밤에서 왔니?

"아니. 우리는 언제나 여기에 있었어.
그리고 언젠가 우리는 별이 될 거야."

일람

네 옆에 앉아
옛날 시집 속의 시를
소리 내어 읽고 있다

모르는 한자가 나오면 너를 쳐다봐

수변(水邊),
계단(階段), 전봉래(全鳳來)
라산스카

한자는 몰라도 난
라산스카가 어딘지는 알지

네가 일본어를 잘한다는 것도
나를 가장 사랑한다는 것도
네가 유학을 가면
나는 따라가리라는 것도

라산스카는 옛 시집 속에만 있다
그러니까 유학 가지 마

제일 좋아하는 시가
밤의 해변에서 혼자라는 것도

아무도 없는 설날 저녁의 열람실에서 단둘이

3부 가끔은 노교수가 되어 있는 너를 생각해

막간 수치

 내가 좋아하는 소설의 주인공은 자신이 사모하는 부인과 같이 마차를 탄다. 둘은 나란히 앉아 있다. 주인공은 남편과 싸워 상심한 부인 쪽으로 슬며시 손을 내밀었다가, 그렇게 내민 자신이 너무도 창피해 도로 거둔다.
 이 장면을 읽고 내가 글을 쓰는 이유를 깨달았다. 대학교 신입생 때 어떤 애랑 같이 새벽에 택시를 탔다. 둘 다 차창에 기대 눈을 감고 있었고, 나는 그 아이 쪽으로 손을 내밀었다가, 거두었다가, 다시 내민 채 파닥거렸다. 손은 택시의 가죽 시트를 밭게 두드렸고, 나는 너무도 창피했지만 계속 파닥거려야만 했다.
 그 소설의 제목은 "감정 교육"이다. 여러분은 아시는가? 감정 교육에서 미움을 빼면 가정 교육이라는 걸……

알에서 깨어나기 전에 박혁거세는
어떤 세상을 보았는가?

 아까는 방송국에서 촬영을 나와 내 인터뷰도 했다. 사람들을 도울 수 있어서, 이렇게 의미 있는 일을 할 수 있어서 기쁘다고 말했던 것 같다. 내게 뭐 하는 사람이냐고 카메라맨이 물었을 때 나는 애인과 그의 동료들을 따라왔다고 대답했다. 잘 알아들었다는 듯이 그가 고개를 끄덕였다.

 요즘엔 좋아하는 사람에게 잘 보이고 싶어 옷도 많이 산다. 오늘 밤엔 그와 맛있는 식사를 하며 이야기도 많이 나누고 싶다. 나뭇잎이 다 떨어져 사방이 훤히 보이는 산속이다. 오솔길 끝에 집 하나가 있다는데 보이진 않는다.

 카메라맨이 다시 와서 내게 뭐 하는 사람이냐고 묻는다. 나는 연탄을 나르는 중이라고 대답한다. 그래서요? 사람들에게 물었더니 당신 애인은 이곳에 없다고 하던데요. 당신은 누구를 따라온 거죠? 내 옆에 서서 연탄을 건네던 사람은 나를 빤히 쳐다본다.

 추운 날인데 몸이 더워서 참 좋다, 좋다고 생각하자. 내가 좋아하는 사람은 아까부터 멀리서 우리의 사진을 찍어주고 있다. 그의 렌즈엔 내 옆에 선 사람의 얼굴만 커다랗게 들어차고 있을 것이다. 둘이 왜 사귀는지 나는 평생 이해하지 못할 것이다.

어느새 내 옆에 선 사람은 나의 멱살을 잡고 있다. 그가 내게 얼굴을 바짝 대고 대체 뭐 하는 사람이냐고 묻는다. 나는 그의 목덜미에서 내가 좋아하는 사람의 냄새가 풍기는 것을 참을 수 없어, 눈을 질끈 감고 그를 끌어안는다.

 애인이 생기면 결혼할 생각은 있는 건가요? 당신은 어머니와 아버지도 없다고 하던데요? 카메라맨의 목소리는 점점 익숙한 것이 되어간다. 머릿속에서 빨간 점 하나가 깜빡이고 있다.

 눈을 떴을 때 세월이 십 년 정도 지나 있으면 좋겠다. 지금까지 기다렸으니 조금 더 기다릴 수 있겠다는 마음으로 나는 살아왔다. 이렇게 말하는 것도 마지막이라며, 제발 돌아봐야 할 때 돌아보라며 누군가 나의 어깨를 흔들고 있다.

혼자 있고 싶어!

 자유는 나를, 나의 식후경을 졸졸 따라다닌다. 나는 있는 힘껏 나의 산책을 앞으로 던진다. 자유가 그것을 물어오는 동안 자유를 독차지해야겠다고 생각할 때, 나의 세계는 내가 죽어가는 것을 본다. 피리를 불며 가장 먼저 빠져나간다.

네게네게

 그게 무슨 뜻이냐고 물었다. 뜻이 아니라 반응이라고 말했다. 반응이라면 후기 같은 거냐고 물었다. 심장이 반응하는 거라고 했다. 네게네게. 그러기 위해서는 누구와도 함께 살지 않거나 고릴라와 함께 살아야 할 것이라고 말했다. 그는 재능이 있다. 하지만 진짜로 재능이 있다면 우리가 만나지 않았겠지. 네게네게. 낮에는 나를 위해 살고 밤에는 그를 위해 살 것이다. 그의 힘을 빌리지 않으면 내가 결심할 수 없는 것들이 너무도 많다. 들어차 있는 것들이 너무도 많아서 한 발짝도 내디딜 수 없다.

디올

 아보카도샌드위치를 동시에 다섯 개 만들면서 생각한다. 이 샌드위치들은 모두 다른 이야기 속으로 던져지겠지. 아이슬란드 폭포 밑에서 살고 싶다.

 의자에 앉아 마주 보고 있는 사람들. 어떤 이의 눈은 텅 비어 있고 어떤 이는 울음을 터뜨리고 어떤 이는 팔꿈치를 긁다가 피를 흘린다.

 손님, 저희도 땅 파서 장사하는 거 아니잖아요. 열 시간째 커피잔만 쳐다보고 계시면 어떡해요. 테이블 위로 흐르는 피를 닦다가 돌 같은 손님에게 시비를 건다.

 주방에서 전화벨이 울린다. K 씨, 사복 좀 그만 입으세요. 사람들이 가게에 주인이 있는 줄 알잖아요. 다 보고 있어요.

 주인과 주인의식 사이, 자본과 자본주의 사이에 현대성이 자리한다는 나의 생각은 카페 문을 박차고 소총을 꺼내는 복면의 사내에 의해 기각된다.

 미래와 돈 중 어느 것이 더 실체가 없는가! 라는 질문은 이 시대에 얼마나 유효한가! 따위의 물음은 육체를 살찌울 뿐이다!

라고 외치는 복면의 사내의 검은 티에 복근이 선명하게 드러난다. 레몬타르트를 먹으며 찐 살과 세계에 대해 떠들다 찐 살 중 샤일록에게 한 점 떠줄 수 있다면 어디를 택하겠는가!

카페에 앉아 생각하는 것이 좋아 카페에 일을 구했고 복면의 사내는 애초에 복면을 쓰지도 않았다. 향수 뭐 쓰나? 그가 개머리판으로 내 뒷목을 쿡쿡 찌르며 묻는다.
나는 눈을 감는다. 디올이요. 그는 아주 잘생겼고 울상이다.

내가 일하는 이 카페, 테이블 열아홉 개, 의자 마흔세 개, 만석이다.

해변을 훔치는 방법

'이곳의 사람들은 진심으로 일하고 있습니다.'

흔들리는 풀 속에서. 이 해변의 발전 가능성에 관한 보고와 편지를 쓰기 위해 앉아 있다. 나의 오랜 친구이자 부동산 투자자에게. 현지인들이 일하는 모습을 관찰하고 기록하는 것이 나의 일이다. '점심시간에는 공동 농장에서 기른 토마토와 로켓을 씻어 샌드위치를 만들어 먹습니다. 감사의 기도를 올리며 음식의 재료들이 어디에서 태어나 누구의 손으로 여기까지 왔는지 떠올립니다.'

오래전 나의 친구는 회계사 시험에 합격한 뒤 자신의 비서가 되지 않겠느냐고 내게 물어왔다. 작가가 되고 싶었던 나는 오랫동안 자존심이 상해 그와 사이가 멀어졌지만, 인생에서 몇 번의 실패를 거듭한 후 그가 나를 진심으로 후원하고 싶었던 것이라고 생각하게 되었다. 찾아갔을 때 그는 작가들에게 싼값으로 스튜디오를 내어주고 동네의 땅값이 오르면 건물을 팔아치우는 일을 하고 있었다. "이 일에 죄책감을 느끼지 않는 것은 아니야. 하지만 네가 내게서 멀어질 때 나의 진심을 훔쳐 갔는걸. 앞으로는 존댓말을 쓰도록 해." 그는 찾아오는 나와 비슷한 이들에게도 똑같이 말했다.

일을 마치고 해변의 골동품 가게에서 나는 친구가 남몰래 좋아하는 작가에게 선물할 넥타이를 고르고 있다. 어떻게 하면 그 작가가 나의 친구를 좋아하게 만들 수 있을까. 그 작가의 사랑을 훔쳐 둘이 이 해변에 살림을 차리고 진심과 온기로 여생을 살아가게 할 수 있을까. 기억나지 않는 어릴 적부터 양말을 골라 신고 벨트 매는 것을 좋아했다는 당신의 인터뷰를 봤어요. 화보를 보고선 카키색이 잘 어울린다고 생각했어요. 의상도 직접 고른 건가요? 넥타이를 매는 일상 사진도 간간이 보여서 하나 전해봐요. 추신. 당신이 총애하는 그 시인은 미래의 언어를 발명하지 않았어요. 그의 시는 언어의 유토피아가 아니에요. 그저 영리할 뿐이지요. 어떤 평론가는 당신이 그루피를 양산하는 글을 쓴다고 하더군요. 깨끗이 무시하면 될 텐데. 내가 그루피라니. 자다가도 벌떡 잠에서 깨기도 해요. 얼굴 없는 그 평론가는 꿈속에 수십 번 얼굴을 바꾸어 나타났어요. 잘생겼다가 못생겼다가 번갈아 나오는데 아무래도 내 외모 콤플렉스 때문인 것 같아요. 당신이 나의 꿈에 한 번도 나오지 않았다는 사실이 당신의 마음에 들었으면 좋겠습니다. 무엇보다도 건강하세요,

흔들리는 풀 속에서.

아틀리에

 주중에 힘들여 일하는 사람들에게 주말은 축복할 만한 날이지. 아틀리에를 방문한 이들의 들뜬 발걸음. 주말이 되더라도 일하는 사람은 곧바로 쉬는 사람이 될 수는 없기에, 쉼과 열심의 마음이 뒤섞인 발걸음. 주말에 그곳의 마룻바닥은 바삐 삐걱거렸다. 손님 중 하나가 아틀리에의 발코니 바닥에 놓여 있는, 작고 네모난 하늘색 꽃병을 바라보았다. 그녀는 매일 아침 수영 강습을 받으러 가는 사람. 힘들여 일하는 사람은 아니다. 오후에 네 시간만 일하는 풍요로운 그녀가 무슨 일을 하는지 아무도 모른다. 저녁에는 퇴근한 사람이 되어 저물녘의 야외 식당에서 적당한 피곤을 느끼며 식사를 하는 사람. 자신의 조카가 선물해준 귀여운 스티커를 휴대폰 뒷면에 붙여놓고, 조카가 좋아하는 빵을 사주며 걱정을 지우는 사람. 그 사람은 손님들 틈에 서서 발코니에 놓인 꽃병의 사진을 찍었다. 살 만한 물건은 아니라고 누군가 말했다. 조금씩 시끄러워지고 있었다. 그들의 얼굴에 리모컨을 대고 목소리를 줄여버릴 수 있다면. 좋은 스티커를 뽑았는데 팔아야 하니 중고 거래를 대신 해달라는 조카의 메시지를 보고 그녀는 푸하하 웃음을 터뜨렸다. 조금은 시끄럽게.

세계작업

www.fantcony.com 제가 만들 웹사이트의 주소입니다. 팬코니, enfant conique. 프랑스어 두 단어를 합친 말입니다. 뿔 달린 아이라는 뜻을 기억해주세요.

사이트에 입장하면 하얀 바탕에 검은 펜으로 그린 아이 하나가 두리번거리며 돌아다닐 거예요. 조금은 울적한 표정, 뿔은 아직 없어요. 바탕을 클릭하면 아이가 고개를 들고 중앙으로 걸어와 활짝 웃을 거예요.

아이의 정수리를 클릭하면 세로로 긴 뿔이 솟아 제가 쓴 글이 담긴 상자들을 쏘아 올리고, 얼굴을 클릭하면 머리가 점점 커져 세계지도가 그려진 지구본이 될 거예요. 화살표 키로 지구본을 돌려보다 가고 싶은 나라를 클릭하면, 제가 그곳을 여행하며 찍은 뮤직비디오가 나올 거예요.

팬코니, enfant conique. 프랑스어를 할 줄 아느냐고는 묻지 마세요. 프랑스 문화를 좋아하느냐고도 묻지 마세요! 콧대만 높은 프랑스인들보단 똑똑하고 분별 있는 이스라엘 사람들이 좋으니까요.

(둘이 똑같다고요?)

여름님을 만나러 이곳에 왔어요. 여름님은 저의 애인. 실리콘밸리 애플에서 텔아비브 애플로 출장을 오셨어요. 저는 보문동에서 글 쓰다가 잘 왔어요. 이스라엘. 텔아비브. 화이트 시티.

하얀 바우하우스 건축물과 푸른 정원들이 어우러졌다는 이 동네에 한 번쯤 와보고 싶었어요. 지금은 구반포 주공아파트처럼 누리끼리해요. 그래도 공기는 좋아요. 가끔 옆 동네에 폭탄이 떨어지면 하루 종일 하늘이 뿌옇기는 하지만

이곳을 건드리지는 못할 거래요. 여호수아가 그랬어요. 여름님 옛 동료, 텔아비브 토박이 여호수아는 지중해가 보이는 카페에서 노트북 한 대 펼쳐놓고 웹사이트를 만들어요. 스트레스 받으면 바로 바다에 뛰어들기 위해서래요.

팬코니. enfant conique! 제가 만들고 싶은 웹사이트 제작을 부탁했더니 여호수아가 옷을 벗고 바다로 달려가고 있어요. 여호수아, 세상엔 왜 이렇게 귀찮은 일들이 많아서 우리를 괴롭히는 걸까요?

세상이 발전하고 발전하면 지금 우리가 귀찮아하는 일쯤은 기계들이 쉽게 해결해주고, 모두가 구미에 맞는 자동차 한 대, 별장 한 채쯤은 프린터기로 뚝딱 뽑을 수 있을 것 같은데, 그때까지 잘 기다리기만 하면 될 것 같은데

그런 날엔, 여름님과 떠나고 싶은 곳으로 커다란 별장 한 채 던져놓고, 반바지에 폭신한 운동화 신고, 노란색 트럭에 캠코더 몇 대 싣고 달리면서 사랑, 계곡물, 초원의 풍향계, 사막의 은하수. 이런 것들만 꿈꾸고 싶은데

꿈꾸던 것들이 눈앞에 나타나면, 캠코더 들고 풍경 속에 서서, 어울리는 여름 노래, 아님 겨울 노래 한 곡. 두 소절 정도 부르며 서로의 입술을 바라보는, 그런 시간, 눈동자 말고 다른 렌즈는 모두 눈 감고 있는, 그런 시간……

기다릴 수 있어요.

이스라엘. 텔아비브. 올드 야파 비치. 멀리서 다가오는 배가 쏘아 올리는 폭죽 소리. 더 멀리서 들려오는 대포, 기관총, 사람들의 울음소리. 그런 소리들을 밀물 소리가 잔잔하게 덮으며, 다가오는 시간.

세계가 나의 커다란 집이며, 나라 한 곳을 갈 때마다 집 안의 방문을 하나씩 여는 것이라고 생각한다는 건축가 친구의 말을 떠올리며 저는, 백사장 위에 돗자리 펴고 엎드렸어요. 숨을 길게 내쉬며, 등에 바른 하얀 코코넛 오일이 천천히 피부에 스미는 것을 느끼며,

퇴근하실 여름님 기다리고 있어요. 한 시간 뒤에 오신대요. 괜찮아요. 두 시간 후에 오신대요. 내일부턴 주말이에요. 사이다 회사의 파라솔, 어깨를 맞댄 연인들, 족구를 하는 아이들, 담배를 피우는 안전 요원들……
그리고 해변을 기어 올라오는 두툼한 카멜레온 한 마리, 쟤는 마치 이렇게 중얼거리는 것 같아요.

enfant conique.

보홀에 가면

네가 좋아하는 거북이로 태어나야지

모래에서 쉬다가
바다에서 쉬다가

너는 어디 있을까
너를 찾아야지

바나나 모양 도시락통에
바나나를 넣어 다니는

두 발에 오리발을 차고
연두색 바닷속을 거니는

산호 숲으로 가득 찬
네 눈앞을 지나가야지

물고기

한 마리
두 마리
내 등에 타고

너는 바나나를 꺼내
껍질을 벗기고 있네
바나나가 웃고 있네

커다란
작은 물고기 떼가
너를 감싸고 있네

나는 숨을 크게 쉬어야지

입에서 흘러나오는
네가 좋아하는
조용한 노래

노래 속의
하얀 돌

기억나네

하얀 라일락에 코를 대고 냄새를 맡고
참고 네게 달려가서

너의 코에
코를 대고
숨을 내쉬었던 밤

너를 안고
눈을 아주 멀리 감았던

꽃들이 하나도 움직이지 않던 밤

따뜻한 곳에서
따뜻한 곳으로

오랫동안 너를 지나가야지

무주공산(無主空山)호의 일일

 어찌하여 우리 배는 산으로 가지 못합니까 사공은
 불만을 제기한다 돛대에 기대어 조는 그의 사수에게
 자신의 세계관을 어필한다 항공모함처럼 원대하지만
 해파리처럼 헐렁하게 사공은 수평선과 나란히 누워 삿대질한다
 수평적인 의사 결정은 이 배가 내세우는 미덕이고 배에 오른 이들은
 확고한 비전의 소유자들 낮에 능력을 증명하기보단
 밤에 인성을 인정받는다 술이 서너 배 돌면 사공들의 삿대질에
 지구는 네모가 되고 바다는 산이 되고 배는 흔들거리며 뒤집히지만
 유일한 현실감각은 격세지감, 남십자성을 바라보며 그해 봄날
 어찌하여 우리 배는 바다에 뜨지 못합니까 산속에서
 구름 떠다니는 소리를 들으며 배를 토닥이던
 사공들, 이제 네모난 지구의 끝으로 뿔뿔이 흘러가버리는

이제야

 에디파*는 한쪽 눈으로 자신과 얼굴이 똑 닮은 창밖의 요정 석고상을 응시하면서도, 다른 쪽으로는 거울 속 자신의 얼굴을 확인하며 머릿속에 둘을 겹쳐보는 이성을 되찾았다는 사실에 안심할 수 있었다. 트리스테로의 위조 우표―제49호 품목―의 경매가 시작되기 직전 귀를 틀어막고 로비를 뛰쳐나온 그녀는 어느새 나르시소의 호텔 침대 위에 누워 있었다.

 그녀는 빠져나오기로 결심했기 때문이다. 시간이 지날수록 에디파는 자신이 진실에 가까워진다기보다 얼굴이 두꺼워지고 있다는 인상만을 받았다. 누구든 붙잡고 트리스테로와 나팔 문양에 대해 물어볼 수 있는 용기를 얻었다는 사실만이 이번 여정의 수확일 것이다.

 이렇게 생각하면서도 그녀는 이제 어떤 것도 흥미로워할 수 없을 것 같다는 불안에 천천히 젖어가며, "모르겠어."라는 대사가 입 밖으로 튀쳐나오기 전에 힘껏 눈을 감았다. 물론 잠에 들기 위해서라기보단, 언제나 자극적인 사건을 기대하면서도 그러한 마음을 어쩔 줄 몰라 혼자서 초를 쳐버리는 자신을 느끼고 싶었음에 가까웠다. 자기 인식의 한 바퀴가 끝난 후에야 그녀는 비로소 한숨 쉬듯 내뱉을 수 있었다. "모르겠어."

각자의 꿈을 좇기 위해 사랑을 포기했던 두 연인이 수년 뒤 재회하지만, 결국 각자의 현실로 묵묵히 돌아가는 영화를 보고 에디파는 참을 수 없는 눈물을 흘렸더랬다. 그녀가 가장 젊고 아름다웠을 적에, 거의 모든 것을 비웃어버릴 수 있던 열일곱 무렵에. 그때 에디파의 옆에서 눈물을 닦아주던 풋내기는 "내가 더 잘할게……" 하고 속삭였다. 그런 판에 박힌 사랑 이야기에 감동한 그녀 자신이 너무도 바보 같고 억울해서 울고 있다는 사실도 모른 채.

 기다란 섬광 같은 에디파의 머릿속에, 이십 년 전 그녀가 풋내기의 얼굴에 작별 키스를 퍼붓고 전했던 대사가 울려 퍼진다. "나는 선천적으로 젊음이 부족한 사람이야. 아마 이십 년 후쯤, 네가 젊음을 잃어가고 있을 때라면, 우리가 다시 만날 수 있을지도 몰라. 지금은 너의 젊음으로 빛나는 무언가를 많이 만들고 있어줘." 에디파는 언제나 자신이 연극의 주인공이라는 사실을 알고 있었다. 그녀가 기억하지 못하고 인식하지 못하는 순간들만이 사랑이라는 것에 아주 조금은 가까웠으리라는 사실도.

---

* 토마스 핀천, 『제49호 품목의 경매』의 주인공.

나이 많은 남자

나는 어제 너와
각자의 머리를 드럼 세탁기에 밀어 넣은 채
어둠 속에서 서로를 바라보았다

너는 그 어둠 속에서도 아름다웠고
나는 너의 얼굴밖에 보이지 않았다고
말하고 싶지만

너는 두 달 후에 혼자 파리로 여행을 간다
카페에 앉아 있는 너에게
뱅상 카셀 같은 남자가 와서 말을 걸면 어쩌나
걱정이 된다

나는 너를 만나기 위해 태어났어
너를 만나고 나니
내가 살아온 후회 많은 인생에 아무런
후회가 들지 않아

지금까지 사랑한 이들에겐 너무도 미안하지만
너를 만나고 나니
그들이 전혀 생각나지 않아

너에게 이렇게 말하는
눈빛이 이글거리는
나이 많은 남자가 나타나면 어쩌나
걱정이 된다

그때 너는 어떻게 대답할까

나는 어린 남자

걱정이 많은

너를 만나며 나는 너의 품에서 자랐고
너를 만나기 전부터 나는
오로지 너를 만나기 위해 자라왔단 생각이 들어
내가 태어났을 때부터 지금까지
너는 나를 키우고 있었던 거야……

가끔은 노교수가 되어 있는 너를 생각해

 "더 이상 당신의 겸손함을 경솔하게 처분하지 마시오!" 마지막 충고 한마디를 조종사에게 남기고 작은 청어 한 마리가 헬리콥터에서 내린다. 그의 앞으로 펼쳐지는 거대한 사암 골짜기들, 하늘을 향해 고개를 쳐든 저 끝없는 주황빛 능선을 바라보고 있자면 누구라도 자신의 늠름했던 젊은 시절이 떠오를 것이다.
 "오래전 나는 동족의 뼈 한 조각을 칼처럼 물고 육지로 올라왔었지, 물고기 주제에 자신보다 강하다는 것을 믿을 수 없다며 나에게 달려들던 이 땅의 모든 맹수들, 몇몇 오만한 인간들의 목을 모조리 베어버렸을 때 그들의 시체가 차곡차곡 쌓여 이루었던 커다란 언덕들, 하나의 거대한 핏방울처럼 일렁이던 그 곡면이 지금 내 앞의 골짜기들에 겹쳐지는 듯하구나…… 그것 또한 자연이었다고 말할 수 있을까, 아아, 나는 고향에 돌아와서도 몸을 제대로 누이지 못하고 이렇게 우수에 젖을 뿐이로구나! 하지만 그동안 몇 번이나 강산이 바뀌었던 것일까 이곳은 너무도 변해 있는 것을…… 허름했던 내 비늘에 옷을 입혀주던 색색의 산호들이여, 이제는 황량한 돌산이 되어 낡아빠진 태양의 땀방울을 온종일 마셔야 하는 형벌을 받고 있구나! 나에게 당신의 뼈를 물려주셨던, 우리의 몸속엔 태평양도 두 동강 내버릴 수 있는 척추가 꿈틀거리고 있으니 절대로 자신의 분수를 가늠하지 말라는 가르침을 주셨던 나의 사부여, 나는 이 세상에 당신의 가르침을, 그리고 당신의 힘을 펼쳐 보였습니다만 내가 인간들로부터 돌려받은 대가는, '역시 작은 고추가 더 맵다!' 하는 역사책 속의 한 줄뿐이었습니다…… 작은 고추라니, 오호통재라, 싶었지만 내게 무참히 목을 베인 이들이 겪은 비극을 모두 합치면 그것이 더한 통재였겠지요…… 사부여, 나는 나의 분수를 너무 모르고 살았습니다, 머지않아 나도 늙고 병든 비둘기 같은 존재가 되어갈 것입니다, 나보다 더 늙고 병든 이들이 던져주는 모이나 찍어 먹으며, 머릿속에 펼쳐놓은 빙고 칸에 인생을 스쳐갔던 경조사의 제목들을 하나씩 적어 넣으며, 멀리서 다가오는 죽음이 나의 이름을 부를 때마다 가장 아득해진 기억에 하릴없이 곱표를 치는, 그런 평범한 나날들을 보내면서 말입니다……" 그때, 척추동물들의, 척추를 건 싸움이 시작되는 것이다.

 당신은 비둘기가 아니오! 헬리콥터 조종사가 조종석을 박차고 청어를 향해 달려간다. 내일이면 은퇴를 하는 조종사는 오늘 아침까지만 해도, 성실하게 임해왔던 자신의 커리어를 경치 좋은 곳에서 마무리할 수 있겠다고, 그래, 지금껏 엄한 곳에 빠져 헛발질하지 않고, 억척스럽게 모든 것을 챙기려 들지도 않고, 지킬 수 있는 것들을 지켜오며, 물론 자식들이 좀 더 잘되었더라면 내가 지금까지 돈을 벌고 있지는 않았을 테지만 비행기를 몰던 날들에 틈틈이 헬리콥터 조종을 배워놓은 것은 썩 괜찮은 선택이었지, 선택의 기로에 설 때면 곧은 자세로 명상하는 습관을 들인 것도 오늘 아침까지는, 그런데 저 핏덩이인지 피투성이인지 모를 청어 녀석이 올라타서는 당신의 인생이 지나치

게 소박했던 것 아니냐며, 이제 더는 그런 쓰레기 같은 날들을 만들지 말라며, 희대의 강호로서 이름을 날렸지만 모두가 박수칠 때 귀향하는 자신의 삶을 참고해도 좋을 것이라며, 더 이상 당신의 겸손함을…… 아아, 어찌하여 이토록 저 물고기와 결투를 벌이고픈 마음이 드는 것일까, 저것과 대결하고 싶은 마음이 나의 모든 평화를 짓누르고 있는 느낌이다. 그래, 내 등에도 곧은 뼈가 심겨 있었지. 그것을 뽑아 들어야겠다. 많은 것이 단숨에 생겨나고 사라지고 변해버리는 세상이지만 이 세월을 함께해온 나의 몸뚱이가 있다는 것을 생각하면, 마음이 참으로 편안해지는구나!…… 옷깃을 펄럭이며 절벽으로 달려가는 조종사의 뒷모습을 바라보고 있자면, 정말로 그의 나이를 가늠할 수가 없는 것이다.

너를 생각해

'몸이 아프면 병원엘 갔어야지, 신라호텔을 가!'

그리스식 사우나

그 말은 내게 큰 상처라네

자네가 뚱뚱한 만큼 물이 넘치는 것은 사실이 아닌가?

내 뱃속의 잔잔한 물가에는 쪽배 한 척이 떠 있다네 어제는 그걸 타고 크레타섬에 갔지

이만 나는 몸을 닦고 털옷을 구하러 가야겠네 바깥이 춥다고 여기서만 살 수는 없지 않은가 몸에 딱 맞는 옷을 입던 때의 늘씬한 기분이 그립군

그곳의 신전에 오른다는 펭귄을 기다렸다네 해가 지고 눈보라가 몰아칠 때까지 아테네에서 온 이들은 귀가 얼어버린 것도 모르고 술판을 벌이며 떠들더군

자네를 보고 작은 신을 섬기는 작은 인간들의 마을에서 왔다고 놀리지는 않던가?*

녹은 눈이 다시 눈이 되어 내리는 데엔 사백 년이 걸린다는 나의 말을 듣고 그들은 일제히 눈물을 흘렸다네 눈송이를 뭉쳐 그들의 입속에 일일이 넣어주었지 펭귄이 나타난 건 그때였네 왕관도 봉도 없이, 당신들 조상에 비해 당

신들이 복 받지 못했다고 생각하는 이들만 남으라는 그의 말을 듣고 우리는 모두 일어나 절을 올렸다네

 그러면 자네는 어찌 크레타섬에 남지 않고 돌아왔는가?

 뱃속의 세계란 그런 것이네 그가 목청껏 연설하며 튀긴 빨간 침방울이, 빛나는 루비 결정들로 얼어버린 순간 나는 그것을 모조리 주워 도망쳐야만 했네 더 나은 삶을 살 수 있겠다는 결심이 들었거든
 쪽배를 세워둔 물가로 뛰자마자 몸이 너무 무거워 나는 쓰러지고 말았다네 입안에 도는 피 냄새를 맡으며 나도 내 몸집만큼만 살고 싶다고 생각했지

 사실 나도 그 자리에 있었다네 뱃속의 자네 혼자만 땀을 뻘뻘 흘리고 있더군 인간들이 연단 앞에서 우글거릴 때 펭귄의 부리 끝에 맺히던 그 마지막, 무한한 면의 루비가 너무 아름다워 나는 제자리에서 그것을 바라볼 수밖에 없었네

 그렇다면 자네는 어찌하여 이곳으로 돌아왔는가?

 코코레치**를 삼키면 어린 양의 뱃속과 자기 뱃속이 바뀌는 기분이라며 떠들던 자네는 그곳에서 엄청나게 굶주려 보였다네 배고픔의 고통을 잊으려 자네의 영혼은 뱃속으로 도망쳤지만 자네의 몸은 하루 종일 얼음 위를 걸어 크레타섬에 당도했다는 것을……
 모두가 떠난 후에도 피를 토하던 펭귄을 수습하며 나는

깨달았다네 벌겋게 물든 그의 가슴에 귀를 대었을 땐 그의 피가 나의 귓속으로 흘러드는 소리만 들려왔지

 나는 그곳에서 모든 것을 잃었다네 내가 챙긴 루비와 나의 알몸까지도

 아테네인들은 온몸이 물살이 되어버린 자네를 주무르며 낄낄거리더군 자네 품속에 가득했던 루비들은 이내 녹아 땅을 멀리 적셔갔네 마른 나무들에 열매가 열리고 뱃속의 자네는 홀로 씨앗을 모으며 사백 년이 지나기를 기다리고 있다네

 무엇을 먹고 살아야 할지 모르겠다네 이제 사우나에 앉아 뜨거운 물만 들이켜며 이야기들로 배를 채우기에는…… 바깥이 따뜻해지는 데에도 영겁의 시간이 남지 않았는가 혹 지금 자네가 씹고 있는 것이 그 열매라면

 물속에 물이 흐르듯, 사우나 안에서 마음에 들지 않는 것들을 모두 없애버린다면 이 세상에 남는 것도 없을 것이네*** 식전에, 우리는 어찌 아테네인들을 역겨워하면서 말은 그들과 똑같이 하는가에 대해 이야기해보세

 * 후안 마요르가, 『비평가』에서 변용.
 ** 양의 내장을 요리한 그리스 음식.
 *** 같은 책에서 변용.

그 사람은

오른손으로 주먹을 쥐고
왼손은 주먹을 감싼 채
나에게 다가온
그 사람은
천천히 주먹을 펴고
나에게 손바닥을 내민
그 사람은 이렇게 말했지

이 시 왜 썼죠?
누구에게 썼죠?
화자는 누구죠?
시공간은 어디죠?
그래서 당신은 이 시가
만족스럽습니까?

가까이서 볼 땐 엄청나게 커 보이고
멀리서 볼 땐 작고 귀여워 보이던
그 사람
나의 불만족, 경찰관, 한주먹거리
그 사람
아반떼, 슬리퍼, 빛나는 안경
그 사람

나의 고민과 갈등의 숲속
그 사람을

만나기 전에는 이런 시를 썼었지
그때는 고전을 좋아하고 말도 많았지

어젯밤을 떠올리면 입가의 미소가 떠나지 않는다.
나는 댈러웨이 부인의 무덤을 찾아간다. 그녀는 나를
자신의 수많은 친구들에게 소개해주었던 나의 친구다.
주저하는
염탐꾼이었던 나를.
어떤 말을 전할지 떠올리며 걷는 길에도
미소가 떠나지 않는다.

클라리사. 어젯밤은 마치
내가 좋아하는 꽃들로만 이루어진 미로의 정원을
뛰어다니는 기분이었어요.
나의 소중한 친구를
또 다른 친구들에게 소개해주는 일,
그들이 서로를 마음에 들어 할까, 걱정하다가
그들이 점점 가까워지고, 이윽고 서로의 눈을 바라보며
말을 나누는 모습을
어떠한 심술도 없이 바라보는 일.
당신이 어떤 행복 속에서 살았을지,
자연스레 나누고 싶어지는 그 행복을
조금은 깨달았어요.

우리는 모두 그리스도 같았어요. 클라리사, 자신의 마음에 대해
한 발짝 더 진심인 이들이
바로 그리스도가 아닐까요.
당신과 내가 서로에게 한 발 더 다가섰던 순간,
그 순간만큼 우린
단 하나의 그리스도였어요.
완벽한 자기 자신이었어요.

헤어지고 돌아오는 길에 또 다른 친구를 만났어요.
그는 나의 빨간 얼굴을 보고 가방 속의 햄버거를 건네주었어요.
나는 너무 신났을 뿐인데, 신나서 햄버거를 먹다
길가의 턱에 주저앉아, 바닥에 다 팽개쳤다가
다시 주워서 쌓아 먹었어요. 정말 신났어요.

그래도 이젠 감자튀김 같은 걸 입에 물고
누군가를 유혹하려 들지 않아요.
좋으면 좋다고 왜 말 못했을까.
슬프면 슬프다고.

여기까지 쓰고 나는 더 쓰지 못했지만
제목이 「행복」이었기 때문이라고
그 사람은 말했지만
그 사람에게 보여준 적은 없지만
읽어준 적은 없지만

그 사람이 더 이상 사람들이 행복에 관한 시를 좋아하지 않는다고 말했을 때
 나는 고개를 끄덕였고
 행복에 관해서라면 시가 아닌 다른 것들과 함께 보여주라고 말했을 때
 나는 고개를 끄덕였고
 매일 아침의 찬물 샤워, 십오 킬로의 달리기, 여덟 시간의 잠, 이런 것들이 나를 행복하게 하지만
 과연 이런 식으로 행복해지고 싶은가 생각해보라 말했을 때 나는 고개를 끄덕였고
 '나는 고개를 끄덕였고' 이 말을 내가 소리 내어 읽을 때 옆에서 고개를 끄덕여주는 친구들이
 '한주먹거리' 이 말을 내가 소리 내어 읽을 때 길가의 나뭇가지를 단번에 부러뜨리는 연인들이
 나를 행복하게 하지만 과연 이런 식으로 행복해지고 싶은가 생각해보라 말했을 때

그 사람은 내 옆에 없었지

나는 그 사람과의 약속에 나가지 않았고
그 사람은 내 마음속에서밖에 만날 수 없었고
그 사람 앞에서 나는 하고 싶은 말을 전혀 할 수 없었고
세상을 대하는 방식으로만 그 사람을 대할 수밖에 없었고

그 사람을 대하는 방식으로 세상을 대하겠다는 다짐만이
아무것도 바꾸지 못해도
만들지 못해도
내가 그 사람을 만나는 방식

나는 그 사람과의 약속에 나가지 않았고
그 사람은 혼자서 비를 맞으며
비가 그친 비좁은 땅에 서 있다

그 사람은

베개가 차가워야 잠이 오지만
창문을 열어두면 잠이 깨는 너
겨울에는 베개를
냉장고에 넣어 둬
겨울에는 베개를
산책로에 데려가
겨울에는 베개를
너를 찾아간 내 맘속에
겨울에는 베개를
내가 사라진 내 맘속에

 그 사람을 위해 지은 노래 「그 사람이지만 행복할 수 있어」를 조그맣게 부르고 있을 때 카페 유리창 너머 길 건너편에 서 있는
 엘피지 가스통 더미 옆에서 태연히 담배를 피우고 있는 그 사람, 겁이 많은 그 사람
 언제나 약속에 늦는 그 사람, 카페가 닫을 무렵엔 약속에 나가지 않은 건 바로 나라고 생각하게 만드는 그 사람
 그 사람을 기다리며 그 사람을 위한 노래를 부르는 것만이 유일한 행복이라 생각할 때
 그 사람이 마지못한 표정으로 길을 건너올 때, 결국 언제나 약속을 지킬 때

그 사람이 나의 마음속에서만 살아 있다고 여기는 건

그 사람이 나의 마음속에서만 죽어 있는 것이라는 생각이 들게 하는 그 사람

너무도 똑똑하고 게으르게 태어나서 행복을 좇지 않는 그 사람

너무도 강렬하고 예민하게 태어나서 남들보다 커다란 행복을 좇는 그 사람이

마시는 물은 손바닥에서 나오는 물, 겪는 이별은 손바닥에 뚫리는 구멍, 서 있는 땅은

이 땅의 작가들이 만들었던 세계 속 인물들이 한데 묻혀 있는 묘지, 어쩌면 그들이 쓰이고 버려졌던 묘지

나는 그곳에 있을 수 있을까, 그 사람의 비좁은 세계에서 죽어갈 수 있을까

행복에 관해서라면 다른 것들과 함께 보여주기 위해 나는 그 사람이 끝끝내 차리지 못했던 유튜브 채널을 만든다

첫 번째 에피소드에서 나는 그 사람이 만들었던 작은 학교의 졸업생 스무 명과 함께 이야기한다

그 사람이 얼마나 뻔뻔하고 섬세한, 호전적이고 안전한 존재였는지

그 사람이 만든 시집, 수업, 출판사가 얼마나 비밀스럽고 아름다웠는지

그 사람이 우리에게 기대했던 만족스러운 시를 쓰면 내일이 궁금해져 살고 싶다고, 하지만 가장 만족스러운 시를 쓰면 바로 죽고 싶다고

그 사람이 그토록 갖고 싶었던 딸을 갖지 않는 건 우리들과 그만한 사랑을 나누었기 때문일지 모른다고, 정말 그럴지도 모른다고

두 번째 화에선 그 사람이 등장할지 모른다고, 어쩌면 나타나지 않고 자신이 등장하는 한 편의 시를 보내올지도 모른다고

아무것도 등장하지 않는 한 편의 시를,

시작한 순간 끝까지 가야 한다는 감정의 말, 생각으로 잘 피해 가라는 분별의 말

다시 말이 많아졌네요, 축하해요, 잘해봐요, 하는 그 사람의 말에 내가 고개 끄덕이는 건

그게 맞는 말이라서가 아니라 너무도 듣기 싫은 말이기 때문이라는 걸

그 사람은 알고 있을 테니까, 내가 그 사람을 속인 적, 미워한 적, 매일 그 사람의 죽음을 상상하지만

한 번도 그 사람의 죽음을 그려본 적 없다는 걸 알고 있을 테니까

그 사람이 카페의 문을 열고 들어온다,

나는 그 사람의 세계 속에 없다

도성

 이전에 포탑이 있었던 성곽의 구멍에 머리를 들이밀었다. 어떤 영화의 정신없는 공성전, 성에 공격대가 치고 들어온 순간이 떠오르기도 했다. 이제는 옛날보다 더 쏠 것이 많아졌다고 생각했다. 혐오했던 이와 연을 끊은 후라 더 그런 생각이 들었는지 모른다. 죄송한데 사진 한 번만 찍어주실 수 있을까요? 라고 누군가 물어왔다. 죄송합니다, 이미 죽은 목숨이라서요. 하고 나는 성곽을 내려왔다.

제모

시인들의 모임에 초대받았다
그곳에는 몇 주 전 나의 초대를 거절한 시인도 있고
그곳에서 당당히 시와 시론을 발표하고
흥겨움에 젖어갈 나를 떠올리며 겨드랑이 털을 민다
자리가 무르익으면 나는 겨드랑이를 활짝 열고 팔을 들어
맥주를 시키고 있을 것이다
식당 안이 시끄러워 종업원이 오지 않는다면
신나는 마음으로 냉장고로 뛰어가 문을 열고
가장 깊숙한 곳에 있는 시원한 맥주를 꺼내올 것이다
더운 날이다
민소매를 입을 것이다
가슴에 땀이 줄줄 흐르는 걸 보며 제모한다
눈썹 두 쪽이 미간에서 만나 이어지는 부분도 제모한다
나는 나의 털이 부끄러우면서도
털을 밀었다는 사실을 알아챌 몇몇의 눈빛을 받는 게 부끄럽다
하는 편 하지 않는 편 그 어느 쪽을 선택하더라도
속절없이 부끄러울 때만 살아 있음을 느낀다
더 큰 부끄러움에 관해서는 쓰지 못하는 것
그걸 알아챌 몇몇의 눈빛이 나를 제일 부끄럽게 한다
부끄러움은 모든 방향에서 온다

살아 있음의 부끄러움
다시 살아 있음
나는 흥겹게 맥주를 따르고 있을 것이다
제모를 한다

접힌 배

 새로 단 커튼이 마음에 들지 않아 바라보고 있을 때 문을 두드리는 소리가 났다. 그가 보내준 떡볶이였다. 생각을 비우고 싶어 음식을 한 번에 다 먹고 잠에 들었다. 깨어나서 게워내고 있을 때 홀로 한정식집에 갔던 날이 떠올랐다. 반찬으로 나온 떡볶이가 너무 차가워 입에 넣고. 한동안. 옛날에 나갔던 동호회 사람들을 만나 합석한 채. 새로 출간된 대체요법 안내서『발포부항 하는 여자』에 대해 얘기하고 있었다. 오흥순 저. 빛나는 눈알들을 보며 나도 다시 좋아하는 것을 찾아야겠다고 생각했다. 나의 관심사는 수기로 글을 쓰는 일, 집으로 돌아와서 인터넷 카페를 만들었다. 자기가 쓴 글을 찍어 올리고 글을 쓰기에 좋은 문구류와 노트에 관한 정보를 나누는 곳이었다.

 사랑. 그리고 죽음. 형이상학적인 단어를 거침없이 쓰는 그를 따라하다 보니 글쓰기가 재밌어졌다. 원래 나의 일기는 무엇을 먹으면 무엇을 먹었다고 쓰는 식이었다. 이젠 단어들이란 원래 형이상학적이라는 생각도. 형태를 가리키는 단어와 형이상학적인 단어를 짝지어줄 수도. 살모사에게 죽음을. 성조기에게 사랑을. 물론 사랑과 죽음, 이런 단어들이 형이상학적이라기보단 상투적이라고 느껴질 수도 있겠다. 그러나 이것은 어디까지나 그의 입장. 그를 따라하는 것이 재밌는 나의 입장. 형이상학에 관한 정의도 여러분과 다를 수 있음. 나는 사백일 전 그와의 사별로 인해. 새로운 만남의 기회가 있다면 언제든 나를 입후보할 의향이 있음. 아. 외로운 사람들은 다 이렇게 말하는 걸까? 외로워 보이지 않기 위해 아무렇게나 틱틱대다 더 외로워 보이게? 집에 가는 게 두렵다. 불이라도 켜놓고 나올걸. 깜깜한 방에 주저앉아 나는 또 울겠지.

오래전 그는 내게 '푸허니'라는 별명을 붙여주었다. 보르헤스의 성스러운 친구 〈푸네스〉의 첫 글자와 내 이름의 마지막 글자를 딴 것이었다. 정말로 나는 그와 함께했던 시간을 모두 기억했다. 다른 시간은 하나도 기억하지 않았기에 가능했다. 크루아상과 와플을 합친 게 '크로플'이라고? 정말 끔찍해. 하지만 크로플 이상의 글자 놀이는 없어. 그러니까 글자 놀이는 다 끔찍해. 푸허니는 좋다. 네가 지어준 거잖아. 곁들이는 바닐라빈 시럽을 입안에 머금고 그와 나는 몽롱해졌었다. 눈을 잠시 떴을 때 그는 책상에 앉아 있었다. 존경하는 사진가와 함께 작업한 영상을 편집하고 있었다. 내 옆에는 초록색 기둥이 누워 있었다. 광물성의 빛을 내고 있었다. 다음 날 옥상에서 그가 나의 귀 윗부분을 정성스레 면도하는 모습. 부드럽고 한가한 순간. 머리를 짧게 깎고 입안 가득 키스를 나누고 싶은 마음. 이것들을 '귀위'라고 기억하게 되었다. 그가 나를 기억하는 방식에 더 가까웠을 것이기에.

급식 시간이 끝나가는 지하의 급식실에 그와 나는 대각선으로 앉아 있다. 나의 식판에는 호박죽이, 그의 식판에는 오이지가 남아 있다. 천주교 기숙학교인 이곳 영양사 선생님은 급식실을 돌아다니며 음식을 남기는 아이의 숟가락을 뺏어 잔반을 입에 넣어준다. 나의 배꼽을 들춰보며 놀리던 아이는 선생님이 밀어 넣은 숟가락을 꽉 물고 있다. 대치 상황 아래 그와 나는 조용히 식판을 바꾸고 서로가 남긴 음식을 먹는다. 오후 수업 종이 울리고 그는 내가 살아날 것을 알고 있었다며 리코더 불듯이 말한다. 오래전 나는 인터넷 카페에 매일 글을 남기던 그를 사랑하기로 마음먹고 그의 일상, 취미, 활동 반경을 외웠다. 그가 한 달에 한 번씩 해외에 나간다는 사실도 알게 되어 똑같은 항공편을 찾아 따라 나갔다. 입국장에는 누군가 그와 나의 이름이 나란히 적힌 피켓을 들고 있었다. 그는 내 옆에 서 있었고 차를 타고 공항에서 멀어지자마자 나의 머리를 권총으로 쏘았다. 고속도로의 풍경이 지난 생의 파노라마로 바뀌는 것을 보았다, 한동안. 언제나 그와 함께 있었다.

계속해서 다른 이들이 그의 자리에 바꾸어 섰을 뿐이다. 중요하지 않다. 내가 기억하는 방식은 그가 기억하는 방식. 아무 말 하지 않아도 좋아, 네 얼굴이 많은 걸 말하고 있으니까. 아름다운 그 얼굴을 하염없이 바라보았지. 여름, 매일 밤 신장이 쥐여 짜이듯 아프고 당뇨가 찾아왔다.

피구공에 맞고 온몸에 피멍이 핀 나의 사정을 들은 체육 선생님이 명령한다. 불규칙한 식습관과 운동 부족으로 쌓인 독소와 어혈을 빼내기 위해. 두 젖꼭지 사이 중앙에서 배꼽까지 세 개의 부항 그리고 양 옆구리에 하나씩. 부항컵 고무 꼭지에 권총형 펌프를 꽂은 후 방아쇠를 십 회 당겨 진공상태로. 한 시간 후 올라오는 수포들은 새빨갛고 다닥다닥할 것. 피떡이 차오르면 컵을 떼고 소독은 금물.

1학기 체육 수업 수행평가는 구립 스포츠센터 수영장에서 열린다. 아이들은 전신 수영복을 입고 등장한 나의 옷을 벗기라고 선생님에게 촉구한다. 윗도리를 입고 수영을 하면 속도가 빨라지므로 반칙이라는 이유를 들어 선생님은 나의 옷을 벗긴다. 빛나는 눈알들과 해상도 높은 실내 어우러질 피멍과 수포 들은 나의 배에 새까맣고 다닥다닥히.

 그는 그곳에 있었을까? 무뚝뚝한 비웃음으로. 반짝이는 침샘, 두꺼운 가슴팍과 얇은 허리로. 물론, 얇은 가슴팍과 두꺼운 허리로. 집에 가면 정신을 잃는다. 정신을 잃고 선정적인 검열에 돌입한다. 그가 읊조리던 촘스키의 훈고학적 문장 "색깔 없는 초록색 생각들이 화를 내며 잠들어 있다"—색깔 없는 초록색 생각들이 성을 내며 잠들어 있다. 이제 그는 꿈에 나오지 않는다. 내가 그의 꿈으로 작위적으로 기어간다. 지금 나의 머리가 놓여 있는 베갯잇과 이불보의 축축함은 밤사이의 눈물일 수 없기를. 어젯밤 세탁조를 청소한 후 배수구의 밸브를 열어둔 채 세 달 치의 속옷 빨래를 예약해놓았다. 밤사이 밸브에서 50리터의 물이 흘러나와 335cm × 440cm의 방바닥에 3.39mm의 수위를 형성했다. 바닥에 놓인 15cm 높이의 매트리스를 모조리 적시며 올라오기에 충분했다. 소금 같은 먼지와 얇거나 두꺼운 머리카락, 보내지 못한 편지지에서 흘러나온 푸른 잉크 들이 수면을 떠다닌다, 배처럼. 일어나 찰박하고 화장실로 걸어가 서랍에서 일곱 장의 수건을 꺼내 바닥을 닦는다. 수건이 모조리 젖으면 밸브를 잠그지 않은 세탁기가 헹굼과 탈수를 거치도록 하고 다시 흘러나온 50리터의 물을 닦는 일을 반복한다. 이렇게 하루를 보낼 수 있을까, 매트리스와 벽 사이에 빠진 볼펜을 집어 들어 나의 배에 난 잔털을 하나씩 따라 긋고 있다, 진하게. 검정 파랑 빨강 초록 색깔을 바꾸어가며 잔털이 나지 않는 곳은 계속된 부항요법으로 딱지가 앉았다 떨어지기를 반복하여 생긴 다섯 개의 새까만 구멍. '구름 위에서 태어난 말티즈' 캐릭터가 그려진 뚱뚱한 사색 펜은 그와 함께한 일본 여행 중 찾아간 문구점에서 구매한 것. 옆구리에 부착된 칩과 연결된 자동 혈당 측정기에서 들려오는 신호음은 그와 내가 서로의 등에 부항을 놓아주기 위해 만나 틀어놓은 앨범 〈Quaristice〉. '격리'라는 뜻의 매우 빠르고 지루한 공장음에 맞추어 우리는 일을 진행했다. 어떤 일도 일어나지 않았지만 나는 처음으로 사랑을 믿지 않게 되었다. 초조해지는 신호음이 내게 인슐린을 맞으라고 촉구한다. 그러나 나는 이미 어지러이 일렁이는, 부풀고 접히는 나의 배를 바라보고 있다. 그는 이 모습을 어떻게 기억할까? 내가 기억하는 방식은 그가 기억하는 방식. 아무 말 하지 않아도 좋아, 네 얼굴이 많은 걸 말하고 있으니까. 아름다운 그 얼굴을 하염없이 바라보았지—하얀 장갑을 끼고 떡볶이에 묻은 나의 DNA를 들여다보고 있다.

문예 비창작

선생님께서 이 시편들을 쓰고, 다듬기 위해 보낸
막막하고 외로운 시간들을 떠올리며 검토했습니다.
원고의 개성이 저희가 생각하는 방향과는 다른 것 같아
출간은 어려울 것 같습니다.

시를 향한 애정을 더 깊이 살피지 못한 것 같아
참으로 송구한 마음을 전합니다.
출간의 인연으로 이어지지는 못했지만
더 좋은 원고로 꼭 다시 뵙기 바랍니다.

친구는 말했다, 너의 시집을 내주지 않는 출판사라면
그곳은 존속할 이유가 없어.
다른 친구는 말했다, 네 시집이 올해까지 안 나온다면
내가 출판사를 만들어 직접 내줄게.
자신이 가지고 있는 운의 총량이 비슷한 사람들끼리 모인다.

"풍요로움과 존중, 즐거움과 긍지, 그것을 만들어내는
이들이 상호작용하는 모습을
고요한 세계 속에서 구현해보고자 하였습니다. 모쪼록
읽는 이에게 긍정적인 마음을 불러일으켰으면 좋겠습니다."

친구는 말했다, 내가 한 말들로
너는 시를 써서 시인이 됐는데 나는 아무것도 된 게 없어.
다른 친구는 말했다, 내가 한 말들로
네가 무얼 쓰든 상관없어, 내가 누군지만 밝히지 않는다면.
연애는 끝났지만 적어도 여러 가지가 어딘가로 나아갔다.

세계는 대개 흥미로운 글로 꽉 차 있고
나는 이 이상 추가할 생각이 없다.*

---

* 이 시에 새로 쓰인 것은 없다. 출판사의 메일, 친구들의 말, 책에서 읽은 구절, 과거의 내가 쓴 글이 들어 있다. 내가 쓴 글에만 인용 부호를 붙이게 되었고, 디지털 시대에 맞는 창조성을 발견하기보다는 창작에 대해 표현하지 못했던 거부감만이 튀어나왔다.

발문

inherent

1.

오후에는 서점에 갔다. 이것저것 구경하러 갔다.

요즘 서점에는 책만 파는 게 아니라 다양한 문구류, 반짝거리는 것, 소리 나는 것, 기발한 것, 폴라로이드 카메라, 만년필, 지갑, 방향제까지 있다. 그러나 아무래도 서점이기 때문에 책이 가장 많았다. 단지 너무 많아서 징그러운 것들이 있다.

어쩌나. 나도 책을 내야 하는데.

강상헌도 책을 내야 하고.

저 광경에 보태지겠구나. 생각했다.

저기 있는 철교는 죄수들을 격려하기 위해, 감옥의 어떤 창문에서 보더라도 빛나도록 지어졌습니다. 다리 옆면에 새겨진 보이지 않는 색색의 글자들은 이렇게 쓰여 있습니다.

당신의 열망을 묶어두는 창살로부터 도망치세요. 철교를 달려가며 발걸음이 내는 커다란 소음을 들어보세요. 당신은 조심해야 한다는 것을 알고 있어요, 무언가 당신을 따라오고 있기 때문에. 간수들은 이곳에 올 수 없어요, 당신이 열망으로부터 도망치고 있기 때문에. 창살과 열망은 하나였습니다. 하나 속에서 당신은 간수들의 눈에 띌 수 있었습니다. 이제 당신은 보이지 않습니다. 당신을 따라오는 것은 오직, 되돌아가고 싶어 하는 당신의 마음입니다. 천국 같은 죽음을 견딜 수 없는, 그 물러터진 마음입니다.

하지만 당신은 동상처럼 서 있습니다. 산산이 부서진 채. 당신이 오지 않아도 될 때 와주세요.
—「먼 근심」 전문

자유는 나를, 나의 식후경을 졸졸 따라다닌다. 나는 있는 힘껏 나의 산책을 앞으로 던진다. 자유가 그것을 물어 오는 동안 자유를 독차지해야겠다고 생각할 때, 나의 세계는 내가 죽어가는 것을 본다. 피리를 불며 가장 먼저 빠져나간다.
—「혼자 있고 싶어!」 전문

피리를 부러뜨리면 될 것 같다.
그러면 "나의 세계"가 '나'에게 머무를까?
실은 "나의 세계"는 '나'에게서 조금도 빠져나가지 않고 모든 순간 더 강화되고 있었을 것이다.
강상헌의 시를 읽다 보면 열망과 자유 사이에 거리가 존재하는 것처럼, 그래서 그것들 사이에 거리를 재보는 일이 어렵지만 가능할 것도 같다.
창살과 하나인 부동의 열망, 자유는 강아지처럼 마음대로 뛰어다닐 수 있다.
창살을 핥는 강아지.
창살 사이를 비집고 들어가는 개.
"산산이 부서진" 개.
그런 것들도 상상해볼 수 있다.
어떤 식으로든 만족이 되지 않는다.
예술가의 기분은 그렇다. DNA가 그런 것이다.
예술가의 DNA는 "떡볶이"(「접힌 배」)에도 남는다.
DNA를 한글 타자로 놓고 치면 '움'이다.
'움'은 DNA의 inherent 뭔가를 보여주는 것 같다.
무릇 시인이라면. 내재되어 있어야 하는 건 뭘까?

강상헌의 천성은 진솔. 순수. 성실.

나는 그렇게 생각하는데 이건 내 오해일 수도 있다.

누구에게나 천성은 있다. 누구에게나 표정이 있는 것처럼.

"내가 기억하는 방식은 그가 기억하는 방식"(「접힌 배」).

강상헌의 눈빛에는 무엇이 있었나? 떠올려보면.

호기심, 호의, 피곤. 청량하고 기진한.

이 시집에서 내내 읽히는 진지하고 투명한 문장들은 시인의 표정을 닮았다. "순살 애기"(「풋노트」)의 얼굴이다. 자기에의 골몰. 가족, 친구, 애인. "마음을 다 쏟아도 문제, 안 쏟아도 문제"(「얼마나 많은 사랑을 받았는지」).

앓는데 너무 많은 이유가 필요한 건 아니다.

앓기 위해서 시작되는 하루가 있다.

돌이켜보면 착각이었을지도 모르는 순간들.

돌이켜볼수록 더 확실한 실망, 순간도 있다.

2.

얼마만큼 멀어졌나. 뒤돌아보는 기분.

유년 시절의 기억은 이상하다.

이제와 돌이켜보면 용서 못할 일이 없지만.

아무래도 어렵다.

강상헌의 시에는 '보전'(「보전사」)되어질 단 한 명의 '아이'가 있다.

이 아이는 아직 자기의 기분을 잘 모르는 아이다.

아이는 자기 앞의 장면들을 있는 그대로 보고, 받아들이는 중이다. 받아들이고 받아들여서, 서울대는 못 가지만, 그만의 정서를 갖게 된다.

나는 이 아이에게 서울대를 선물로 주고 싶다.

홀로그램 별무늬 박스에 담아주고 싶다.
아이는 반짝이는 서울대를 안고 엄마 아빠에게 뛰어갈 것이다. 엄마와 아빠의 얼굴이 너무 젊다. 마치 아이와 같다.

네가 서울대만 가면 삼십 년은 행복하겠지, 했어. 어제 달력을 보는데 벌써 십 년이 지났더라. 앞으로 이십 년만 더 우울하면 되겠구나, 했지. 그의 등에 기대 눈을 감았을 때 떠오른 엄마의 말이다.

(…)

그에게 청혼할 때는
그와 이별했을 때처럼 눈물이 줄줄 흐를 것이다.
우리가 갖게 될 아이는 너무도 아름다워
나는 매일 그 아이를 바라보다 눈물을 흘릴 것이다.
그와 나, 우리의 부모, 그리고 우리의 아이들이 있는 풍경에는
행복만이 가득하다.

(…)

살면서 행복한 적은 있나요?
당신은 그렇게 살 필요가 없어요.
그 어둠 밖에는 다른 삶이 있어요.

우리가 만나기 전
우리의 부모들은 새파란 창을 들고
각자의 자식들을 따라왔어요.
우리에겐 뒷걸음질의 날들이었죠.

어느 날 그와 나의 등이 맞닿았고

뒤를 돌아서 눈이 마주치자마자
우리는 서로를 끌어안고 입을 맞추었어요.
요정들이 가득한
숲속이었어요.

나는 놀라서 물었죠.
너희들은 한여름 밤에서 왔니?

"아니. 우리는 언제나 여기에 있었어.
그리고 언젠가 우리는 별이 될 거야."
―「닫힌 별」부분

「닫힌 별」에는 "그렇게 살 필요"가 없는 사람들이 있다. 죄가 없고, 영원히 죄가 없을 것 같은 사람들. 우울하고 안온하고 완전한 닫힘. 이미 완료된 세계의 의미는 무엇일까.

지금의 부모와 어린 부모, 청혼과 이별, 태어날 아이들의 미래, 「닫힌 별」의 동시성은 이 시에 등장하는 인물들을 벗어날 수 없는 어떤 상태, 혹은 이미 벗어난 상태로 읽히게 한다.

"감정 교육에서 미움을 빼면 가정 교육"(「막간 수치」)이라고 시인은 말한다.

「닫힌 별」은 다친 별로 읽히기도 한다.

다친 마음을 있는 그대로 드러내기. 머무르기. 머무른 채 바라보기. 확대하거나 멀리서 바라보기. 다시 느끼기. 감정의 재현을 위해, 강상헌의 시에는 가감할 수 없는 서사의 영역이 있다.

강상헌의 이미지는 서사로 수렴되고.

그의 어떤 서사는 그 자체로 하나의 이미지다.

떠나온 각자의 부엌에는, 우리가 키우기로 한 아이의 작은 밥그릇이 고요히 놓여 있다. 어떤 밥그릇은 깨끗하게 닦여 있고 어떤 밥그릇엔 먼지가 쌓여 있다. 하지만 우리 각자가 밥을 담을 때면, 우리는 누군가를 유혹하고 싶은 마음을 밥그릇에 꾹꾹 눌러 담고 있다는 사실을 안다. 우리의 아이는 그것을 먹는다. 아이는, 아이는, 아이는.

―「가장의 아름다움」 부분

아이는 그 밥을 다 먹고 잘 자랄 것이다.
나는 아이의 표정에서 너무 많은 걸 읽지는 않는다.
나의 시선이 더 머무는 것은 "떠나온 각자의 부엌"이다.
어둡지도 환하지도 않은 그 배경에 내가 앉아 있는 것 같다.
나는 아이를 바라보는 허공의 시선이자 아이가 된다.
열 살이 채 안 되어 보이는 시 속의 이 아이와 내가 함께 시간을 보낼 수 있다면, 오후에 세 시간 정도. 함께 이삭토스트에 가서 햄치즈샌드위치를 먹고 싶다. 수영을 한다면 수영복도 사줄게. 나비 모양 철제 케이스에 담긴 스파클 색연필도 사주고 싶다. 회전목마가 있는 백화점에 데려갈 것이다.
아이가 그걸 원할지는 모르겠다.

아이는 언제부터 아이가 아니게 될까.
언제부터 자기를 되돌아보나.

3.

내가 잘못한 것 같다.
발등을 찍고 싶다.
무엇으로 찍어야 할까?
드라이버, 가위나 젓가락.
발등은 망가지고 잘못은 사라지지 않는다.

　이해하기 위해서는 살아야 한다, 살기 위해서는 내밀해져야 한다. 나는 멈춰 서 그의 단추를 하나씩 풀었다. 가슴 왼편에 커다랗고 빨간 상처가 보였다. 가슴이 오르고 내릴 때마다 상처도 촉촉하게 벌어지고 오므려졌고, 쩍쩍거리는 소리가 작게 들려왔다. 바라보고 있으니 안경에 김이 서렸다. 손가락을 갖다 대자 그는 이렇게 말했다.

"당신이 더 나은 존재가 되기 위해, 여러 가지 시도를 해왔다는 걸 알려주기 위해 받아주는 거예요." 경멸스러운 눈빛을 마주할 수 없어 나는 그의 상처만을 바라보았다.

(…)

나는 등성이가 푸르스름한 당나귀가 되어, 벙긋거리는 그의 상처 속으로 걸어 들어갔다. 나의 등에 서린 빛이 초라한 다리까지 흘러내렸기 때문에, 멀리서 봤을 때 나는 온전한 유성처럼 보였다.

—「경멸」 부분

「경멸」에서 수치심을 다루는 방식은 드라이버, 가위, 젓가락보다 적나라하다. '그'의 "눈빛을 마주할 수 없"지만 "그의 단추"를 풀고 "상처"를 바라본다. "벙긋거리는 그의 상처 속으로 걸어 들어"간다. 수치심은 이제 흘러내린 푸른 빛, 유성의 이미지가 된다.

화자는 수치심이 아니라 명명할 수 없는 정념에 사로잡혀 있는지도 모른다. 대개 감정이란 여러 겹이고, 강상헌의 서술은 솔직하다. 시인의 시선, 직시의 결과는 시에서 육체적이고 물질적인 이미지로 구현된다. 상처의 온도가 느껴지는 감각적인 이미지들로 말미암아 독자는 화자의 좌절, 절망감, 외로움, 수치심에 더 깊게 이입한다. 그리고 그 감정들로부터 놓여남을 느끼기도 한다.

놓여나기, 이 시집에서는 그것을 반복하고 있다.

첫 시집이 그에게서 떠나고.
그는 이제 약간 다른 사람이 될 것이다.
덜 솔직해지고 수치심을 덜 느낄지도.
열망의 갈래가 더 복잡해질지도.
아니면 모든 면에서 한결 명쾌해지고 단순해질 수도.
강상헌과 술자리가 있었던 날, 나도 좀 너무 솔직했던 것 같다. 수치심은 나에게도 내재되어 있기 때문에.
나의 방식은 발등을 찍거나 링거를 맞는 것.
강상헌의 방식은 보다 스마트하다.
그의 첫 시집 발문을 쓸 수 있어 기뻤다.
이 "기쁨은 내가 그것에 의존하고 있다는 사실마저도 기쁘게 받아들이게 했다"(「양가성 긍정」).

김엄지(소설가)

지은이　강상헌

2018년 《현대시학》으로 작품활동을 시작했다. 2023년 대산창작기금 시 부문에 선정됐다.

유원지 왔니?

초판 1쇄 발행 2025년 12월 5일

지은이 강상헌

발행인 박지홍
편집 송승언
디자인 전용완

발행처 봄날의책
등록 제311-2012-000076호(2012년 12월 26일)
주소 서울 종로구 창덕궁4길 4-1, 401호
전화 070-4090-2193
메일 springdaysbook@gmail.com

제작 세걸음

ISBN 979-11-92884-48-6 03810

이 책은 2023년 대산문화재단 대산창작기금을 받아 출판되었습니다.

표지 그림은 정아롱 작가의 〈숲에서〉(리넨에 유화, 162×391cm, 2024)입니다.